Herbert Linzbach

KEINE ZEIT, BIN IM RUHESTAND!

Mit viel Spaß und originellen Ideen
ins neue Abenteuer

ISBN: 978-3-9823131-3-9

Ein Produkt von TenBook®.

„Du bist nie zu alt, um dir ein neues Ziel zu setzen oder einen neuen Traum zu träumen."

– C. S. Lewis

INHALTSÜBERSICHT

1 AS TIME GOES BY

60 IST DAS NEUE 40?

Nach dem Alter fragt man nicht! Das ist eine allgemeingültige Regel, die wohl jeder von uns schon einmal gehört hat. Aber ist das Alter nicht eigentlich nur eine Zahl ohne große Bedeutung?

In den letzten Jahren ist die durchschnittliche Lebenserwartung deutlich gestiegen. Doch das bedeutet auch gleichzeitig, dass man mit 60 Jahren heutzutage noch viel mehr Lebenszeit vor sich hat, als es damals der Fall war. Und das ist doch großartig – 60 ist das neue 40!

Frauen werden im Durchschnitt 83,2 Jahre alt und Männer erreichen ein Durchschnittsalter von 78,3. Wenn man von einem Eintrittsalter in den Ruhestand von 67 Jahren ausgeht, bedeutet das für beide Geschlechter jede Menge Zeit - für Erholung, Genuss und Freiheit. Nachdem Sie dieses Buch gelesen haben, werden Sie feststellen, wie wunderbar der Ruhestand sein kann und welche tollen Ereignisse und Möglichkeiten vor Ihnen liegen. Die gewonnene Zeit können Sie genauso nutzen, wie Sie sich das wünschen. Es gibt niemanden mehr, der sich einmischt, uns Aufgaben und Deadlines gibt - wir sind unser eigener Boss.

Es gibt jedoch auch immer mehr Ruheständler, die sich über die Rente hinaus im beruflichen Umfeld engagieren. Laut dem Datenreport 2018 der Bundeszentrale für politische Bildung ist jeder 9. Deutsche im Alter zwischen 65 und 74 Jahren noch erwerbstätig. Ab 74 Jahren sind es zwar insgesamt weniger Personen, jedoch gab es auch in dieser Altersgruppe in den letzten 10 Jahren einen Anstieg von 50%. Anscheinend lieben wir eben in den meisten Fällen unseren Beruf und können uns schlecht von unserer Arbeit trennen (obwohl wir während unserer Erwerbstätigkeit sicherlich öfter mal geschimpft und gemeckert haben) – aber solange es Spaß macht und man sich frei dafür entscheiden kann, ist das ein großer Gewinn für beide Seiten. Schließlich haben Angestellte meist über 40 Jahre Berufserfahrung, von der jeder profitieren kann.[1]

Neben den positiven Seiten dieser Entwicklung gibt es jedoch auch einige Problemfelder, die das Älterwerden der Bevölkerung mit sich bringt. Laut dem Schuldenerlass von 2019 sind beispielsweise die Ruheständler immer häufiger von Altersarmut betroffen. Das hängt zum einen mit den Rentenreformen der vergangenen Jahrzehnte zusammen und zum anderen mit den vielen Beschäftigten aus dem Niedriglohnbereich. Das führt dazu, dass viele Rentner mit finanziellen Einbußen leben müssen. Aber nicht nur das: Im höheren Alter nimmt auch die Gefahr durch Betrügereien zu – der sogenannte Enkeltrick ist hierbei die wahrscheinlich verbreitetste Variante. Wer diesen und ähnliche Tricks kennt, ist allerdings bestens gewappnet und kann nicht in diese üblen Fallen tappen.

Je älter wir werden, desto wichtiger ist die Gestaltung des Ruhestands. Schließlich soll der sogenannte Lebensabend ein schöner Abschnitt unseres Lebens sein, welcher Freude bereitet und im besten Fall sogar noch als sinnstiftend erfahren wird. Der Schlüssel zu einem glücklichen Ruhestand ist daher eine clevere Zeitgestaltung und die Übernahme von sinnvollen Aufgaben. Schließlich ist es ein schönes Gefühl, gebraucht zu werden – und wenn dies nicht mehr in der Arbeitswelt der Fall ist, müssen wir uns eben andere Aufgaben suchen.
Sie sind nun im Ruhestand angekommen oder stehen kurz davor? Sie wissen noch nicht, was Sie mit Ihrer gewonnenen

Zeit anfangen sollen? Dann halten Sie den perfekten Ratgeber in Ihren Händen. In den kommenden Kapiteln erfahren Sie, wie Sie Ihren Ruhestand bestmöglich gestalten und all die neu gewonnene Zeit sinnvoll nutzen können. Schließlich ist es doch ganz wunderbar, dass wir statistisch gesehen viel mehr von unserem Ruhestand genießen können, als es noch vor einigen Jahrzehnten der Fall war.

[1] *vgl. Andreas Mergenthaler, Frank Micheel, Norbert F. Schneider: Altes Eisen oder mitten im Leben? Lebenslagen, Lebensereignisse und Lebenspläne älterer Menschen in Deutschland. Konrad-Adenauer-Stiftung e. V. 2020, Berlin.*

1-3
EIN PAAR ZAHLEN UND FAKTEN

Der Ruhestand ist ein bedeutendes Ereignis, welches oft gegensätzliche Emotionen hervorruft. Manch einer kann es kaum erwarten und wieder andere haben mit starken Ängsten und Zweifeln zu kämpfen. Während einige den Ruhestand mit grenzenloser Freiheit, Freizeit und Erholung verbinden, fürchten sich andere wiederum vor einer möglichen Einsamkeit und Hilflosigkeit.

In diesem Kapitel erfahren Sie jedoch, was es mit dem Ruhestand eigentlich auf sich hat, wie er entstanden ist und welche positiven Aspekte Sie aus diesem Abschnitt ziehen können.

Der Ruhestand ist die letzte Lebensphase nach der Arbeit und kam im späten 18. Jahrhundert auf. Es gab Pensionssysteme damals hauptsächlich im öffentlichen Dienst sowie in weiteren staatlich beeinflussten Sektoren der Wirtschaft. Das damalige Ziel war es vor allem, sich im Falle von Erwerbsunfähigkeit für das Alter abzusichern. Dabei war es ganz natürlich, dass die Ruheständler im Rahmen ihrer Möglichkeiten noch weiterarbeiteten und sich nicht voll und ganz aus dem Arbeitsleben zurückzogen. Zum Ende des 19. Jahrhunderts entwickelte sich die Rente dann durch den starken Einfluss des Kapitalismus weiter. Ältere Mitarbeiter wurden als unproduktiver und weniger effizient angesehen, sodass sie im Rahmen der Pensionierung von der Arbeit befreit wurden. Ein wichtiger Meilenstein war das 1889 entworfene „Gesetz betreffend die Invaliditäts- und Alterssicherung" von Bismarck im Deutschen Kaiserreich. Es gilt heutzutage als der Beginn der staatlichen Altersgrenzenpolitik, wie wir sie heute kennen. Beim Erreichen eines bestimmten Alters hatte und hat man Anspruch auf die Zahlung einer Rente – ganz unabhängig davon, ob man in der Theorie noch in der Lage wäre zu arbeiten. Früher waren die Rentenzahlungen jedoch so gering, dass die Ruheständler möglichst weiterarbeiten, um sich ihren Lebensunterhalt zu sichern.

Das Renteneintrittsalter hat sich im Laufe der Zeit natürlich auch entwickelt – und das immer nach oben. Die Gesetzesreformen in den Jahren 1996 und 2007 hoben jeweils das Renteneintrittsalter an. In dem Gesetz von 1996 wurde das Renteneintrittsalter von Frauen von 60 Jahren auf 65 Jahre erhöht. Dieses sollte ab dem Jahr 2000 umgesetzt werden. Nur 7 Jahre später gab es dann eine erneute Erhöhung. Ab dem Jahr 2012 sollte es schrittweise eine Erhöhung von 65 auf 67 Jahre geben. Insgesamt betrachtet hat sich das durchschnittliche Renteneintrittsalter damit von 60,2 Jahren um ungefähr 1,5 Jahre erhöht, auf 61,9 Jahre im Jahr 2017.

Da Sie dieses Buch in den Händen halten, gehen wir davon aus, dass auch Sie kurz vor dem Ruhestand stehen oder diesen bereits begonnen haben. Wie geht es Ihnen damit?

Viele von uns blicken dem Ruhestand mit gemischten Gefühlen entgegen. Zum einen ist da die große Vorfreude – auf Freiheit, freie Zeiteinteilung, Ruhe, Entspannung und darauf, einfach mal die Seele baumeln zu lassen. Zum anderen entstehen auch häufig große Zweifel, was mit der gewonnenen Zeit überhaupt angestellt werden soll. Eventuell verlieren Sie durch den Wegfall des Arbeitsalltags einige soziale Kontakte oder haben das Gefühl, Sie hocken mit Ihrem Ehepartner den ganzen Tag aufeinander.

Es ist ganz normal und einfach nur menschlich, zunächst mit der neuen Lebensphase überfordert zu sein. Schließlich ist es etwas Neues und Ungewisses, in das man sich bei dem Abenteuer Ruhestand stürzt.

Wenn Sie dieses Buch in den Händen halten, haben Sie jedoch bereits den ersten Schritt in die richtige Richtung gemacht. Sie wollen Ihren Ruhestand selbst gestalten, setzen sich aktiv mit dieser Lebensphase auseinander und wollen etwas verändern. Großartig! Dieses Buch wird Ihnen dabei helfen, dass Sie Ihre Ängste überkommen und die Zweifel über Bord werfen. Machen Sie Ihren Ruhestand zu einer erfüllten und besonders schönen Phase Ihres Lebens! Sie haben es sich verdient.

1-4
ICH BIN, WER ICH BIN

Wenn Sie in den Ruhestand eintreten, haben Sie bereits viele Jahre Erfahrung auf dieser Erde sammeln dürfen. All die Dinge, die Sie erlebt haben, machen Sie zu dem Menschen, der Sie heute sind. Da gibt es sicherlich ganz viele wunderbare und positive Eigenschaften, aber eben auch ein paar negative Seiten. Das ist auch vollkommen in Ordnung so – schließlich haben wir alle Ecken und Kanten und genau die machen das Leben so interessant.

Aber was passiert eigentlich abgesehen von dem großen Schatz an Erfahrungen mit uns im Alter? Welche Abläufe werden beim Älterwerden abgespielt und was passiert mit unserem Körper und Geist?

Viele sagen, dass einige Menschen im Alter wunderlich werden – bestimmte Charakterzüge verstärken sich, man ist eingefahren, lebt in seinen alten Mustern und ist nicht mehr so offen für Neues. Einiges davon mag vielleicht stimmen, aber die meisten Annahmen über das Altern sind bloß Vorurteile. Hier erfahren Sie, was wirklich beim Altern passiert:

WANN IST MAN EIGENTLICH ALT?

Nach der Definition der Welt-Gesundheits-Organisation (WHO) beginnt das Altsein erst mit 75 Jahren. Schafft man 90 Jahre, gilt man bereits als hochbetagt und über 100 gilt man als Langlebiger. Aber was ist mit dem typischen Renteneintrittsalter von 60-74 Jahren? Die Gruppe gehört laut der WHO zu den älteren Menschen.

WAS HAT DIESE GRUPPE GEMEINSAM?

Was alle 60-74 Jährigen gemeinsam haben ist, dass die Leistungsfähigkeit Ihres Körpers langsam abnimmt. Dieser Prozess ist bei manchen Menschen recht ausgeprägt und bei anderen kaum merklich. Hier spielen auch viele weitere Faktoren wie z.B. die erblichen Anlagen eine Rolle. Dazu kommt in dieser Lebensphase auch eine höhere Anfälligkeit für Krankheiten und die längere Regenerationsphase. Sollte Sie eine Erkrankung erwischen, werden Sie wahrscheinlich etwas länger damit zu kämpfen haben, als noch in jungen Jahren.

Durch die körperlichen Veränderungen werden Begleiterkrankungen wie Diabetes oder Demenz begünstigt. Aber auch die typischen Beschwerden wie abnehmende Beweglichkeit und schnellere Ermüdung können den Alltag älterer Menschen erschweren. Dank den Fortschritten in der Medizin und der modernen und viel gesünderen Lebensweise (weniger körperliche Arbeit, gute Ernährung etc.) sind diese normalen und natürlichen Alterserscheinungen allerdings bei den meisten viel weniger ausgeprägt, bzw. können wir damit mittlerweile sehr gut umgehen.

Das Älterwerden ist ein ganz natürlicher, fortschreitender und nicht umkehrbarer Prozess und gehört zum Leben einfach dazu. Natürlich geht dies auch äußerlich nicht einfach so an uns vorbei. Meistens sind die äußerlichen Anzeichen diese, die uns als erstes auffallen. Die Haut wird faltiger, die Haare werden grau und gegebenenfalls wird der Gang ein wenig gebückter. Sie befinden sich selbst mitten im Alterungsprozess? Dann haben Sie bestimmt schon festgestellt, dass es sich hierbei um einen ganzheitlichen Prozess handelt, der auch die inneren Organe betrifft. Ab einem Alter von 60 Jahren funktioniert die Durchblutung der Organe nicht mehr so, wie sie mal war und dadurch ändert sich auch die allgemeine Leistungsfähigkeit. Unsere Knochen verlieren an Stabilität und die Muskeln werden schwächer. Außerdem kann es passieren, dass Sie von Altersschwerhörigkeit betroffen sind. Ab einem Alter von 80 Jahren betrifft das 50% der Bevölkerung.

Das klingt erst einmal alles sehr negativ, es gibt aber auch durchaus schöne Dinge, die das Älterwerden mit sich bringt. Wie bereits erwähnt, gehen mit dem Alter auch ein großer Erfahrungsschatz und eine gewisse Gelassenheit einher. Vor allem Frauen entdecken oft, dass ihr Selbstbewusstsein im Alter viel stärker wird. Es gibt viel weniger Ängste und Situationen, die jüngeren Männern und Frauen den Schweiß ins Gesicht treiben, sei es in zwischenmenschlichen Beziehungen oder im Umgang mit Vorgesetzen. All die Unsicherheiten im Auftreten werden immer unwichtiger. Schließlich haben Sie schon vieles erlebt und es kann Ihnen kaum noch jemand etwas vormachen. Sie wissen schließlich, wie der Hase läuft und können sich entspannt in Ihrem Gartenstuhl zurücklehnen.

All diese Veränderungen wirken sich nicht darauf aus, wer Sie sind und wer Sie weiterhin sein wollen. Wenn Sie schon immer viel unternommen haben und auf Reisen gegangen sind, ist jetzt die richtige Zeit dafür. Sicherlich sind Sie dafür noch fit genug, schließlich kennen Körper und Geist diese Abläufe bereits. Sie sind immer gerne unter Leuten gewesen? Auch das können Sie im Alter weiter machen – suchen Sie sich Gleichgesinnte für eine entspannte Tour mit dem Fahrrad, einen Spaziergang durch den Park, eine Tasse Tee oder vielleicht sogar eine Partie Schach. Die Möglichkeiten sind grenzenlos – Sie haben ja Zeit.

Sicherlich haben Sie auch schon einmal andere Ruheständler dabei beobachtet, wie diese einfach ihr Leben genießen und diese besondere Zeit voll und ganz auskosten. Und genauso soll es ja auch sein! Es gibt jedoch auch diejenigen, die nach dem letzten Arbeitstag zunächst in ein tiefes Loch fallen und erst einmal gar nichts mit sich und ihrem neuen Leben anzufangen wissen. Ein Zustand, der Ihnen hoffentlich immer fremd sein wird und dem wir mit diesem Buch entgegenarbeiten wollen.

Wenn man mal genauer darüber nachdenkt, kann man die Ruheständler in drei verschiedene Kategorien einteilen:

DIE VERDRÄNGER

Die Verdränger tun so, als wären sie gar nicht wirklich im Ruhestand und vermeiden sämtliche Gedanken an diese Zeit. Sie planen nicht im Voraus, wie sie die nun gewonnene Zeit verbringen möchten und verbringen so wenig Zeit wie möglich mit Zukunftsplänen. Wenn es dann soweit ist, lassen sie erst einmal Fünfe gerade sein und die Seele baumeln. Es wird in den Tag hineingelebt und sich entspannt. Meistens haben diese Ruheständler vorher einen sehr stressigen Beruf ausgeübt, sodass sie kaum richtig Zeit für die Entspannung hatten. Außerdem haben sie sich stark mit ihrem Tätigkeitsfeld identifizieren können und müssen erst einmal begreifen, dass sie nicht mehr so stark gebraucht werden. Sobald dann jemand Neues den Posten besetzt, fühlen sie sich gekränkt und beunruhigt. Häufig suchen sich die Verdränger dann schnell neue Aufgaben, um das „Gebraucht werden"-Gefühl weiter aufrecht zu erhalten. Das kann die Neugestaltung des Gartens sein, ein neues Hobby oder aber auch die Sanierung vom Badezimmer. Oftmals führt dieser plötzliche Aktionsdrang dazu, dass sich sowohl die Angehörigen als auch die Ruheständler selbst überfordert fühlen. Achten Sie also auf sich und Ihre Liebsten.

DIE ÜBERSCHWÄNGLICHEN

Sobald der Ruhestand erreicht ist, stürzen sich die Überschwänglichen in alle Aufgaben und Tätigkeiten, für die sie vorher keine Zeit gefunden haben. Die Überschwänglichen denken gar nicht erst daran, sich zu entspannen, sondern legen direkt mit Vollgas los – ob die immer aufgeschobene Motorradtour durch die Alpen, das Streichen der Decke oder die Bastelei an einem neuen Holzobjekt. Der Kreativität sind hier keine Grenzen gesetzt und die Überschwänglichen machen alles, was sie als Ablenkung in die Hände bekommen können. Dies geht auch eine gewisse Zeit lang gut – bis das böse Erwachen kommt. Sind alle Aktivitäten ausgeführt, herrscht gähnende Leere im Kopf der Überschwänglichen und sie bekommen erstmals das Gefühl, dass sie nicht mehr so gebraucht werden wie vorher. Dadurch entstehen dann oftmals negative Gefühle in Zusammenhang mit dem Ruhestand. Wie Sie diesen vorbeugen können, verraten wir Ihnen ja aber zum Glück auf den nächsten Seiten.

DIE SACHLICHEN

Die Sachlichen haben eigentlich die besten Voraussetzungen für einen entspannten und gelungenen Start in den Ruhestand. Sie gehen diese Phase des Lebens sehr realistisch an und setzen sich bereits im Voraus mit dem Ruhestand auseinander. In den meisten Fällen versuchen sie, sich bereits vor Rentenbeginn eine Beschäftigung zu suchen, die den Ruhestand überdauert. Sei es soziales Engagement in regionalen Vereinen oder die Übernahme von bestimmten Arbeiten innerhalb des Hauses. So schafft sich der sachliche Typ bereits im Vorfeld eine Struktur und hat weiterhin einen geregelten Tagesablauf – nur, dass dieser eben viel entspannter und aktiver gestaltet ist als noch im Arbeitsleben. Dadurch schafft es der sachliche Typ, seinem Ruhestand mit positiven Gefühlen entgegenzublicken.

Na, erkennen Sie sich in einem der Typen wieder? Das muss jedoch weder etwas Gutes noch etwas Schlechtes bedeuten. Schließlich ist der Ruhestand ein sich wandelnder Prozess, in dem man sich durchaus entwickeln kann. Sollten Sie also beispielsweise durch Ihre überschwängliche Anfangsphase mittlerweile ein eher negatives Gefühl haben, ist das noch lange kein Grund, den Kopf in den Sand zu stecken. Sie sind damit nicht alleine – im Ruhestand durchläuft man verschiedene Phasen, sodass eine Anpassung immer wieder erneut erfolgen kann.

Der Forscher Robert C. Atchley entwickelte eine solche Phasentheorie, um die Anpassung an den Ruhestand begreifbar zu machen. Zu Beginn dieses Modells benennt er die „Entfernte Phase" – hierbei handelt es sich um eine Phase, die bereits zu Beginn des Arbeitslebens beginnt und erst ein paar Jahre vor Renteneintritt endet. Man macht sich noch keine Gedanken um den Ruhestand, schließlich ist dieser noch sehr weit weg. Meistens assoziiert man mit dieser Phase ausschließlich positive Gedanken: Ewiger Urlaub und permanente Freizeit. Darauf folgen dann die „Nähephase" und die „Euphoriephase" – auch diese sind durchaus positiv geprägt. Man entwickelt ein intensiveres Bewusstsein für den Ruhestand und setzt sich mit der nächsten Phase detailliert auseinander. Oftmals schwingt an dieser Stelle kindliche Euphorie mit, dass man nun Zeit hat, neue Dinge auszuprobieren, nicht mehr in den Fesseln des Alltags feststeckt und befreit ist.

Kurz nach der Euphorie entsteht dann die „Ernüchterungsphase", welche einem vor Augen führt, dass der Ruhestand doch ein wenig anders ist, als man sich das immer vorgestellt und ausgemalt hat. Mit ein bisschen positiver Energie schafft man es dann aber direkt in die nächste Phase der „Reorientierung". Durch die entstandene Ernüchterung sorgt man als logische Konsequenz selbst dafür, dass man dem Alltag eine neue Struktur gibt und sich Aufgaben sucht. Wenn wir uns bereits im Vorfeld mit dem Ruhestand auseinandergesetzt haben, finden wir blitzschnell neue Hobbys und alternative Zeitvertreibe, um unseren Alltag umzustrukturieren. In den letzten beiden Phasen festigt sich dieser Ablauf und Sie passen sich voll und ganz an Ihre neue Lebenssituation an. Sollten Sie durch Rückschläge und kritische Lebensereignisse wieder in vorherige Phasen geraten, werden Sie diese erneut durchlaufen, um wieder Stabilität zu erlangen.

2 „HOUSTON, WIR HABEN EIN PROBLEM?“ – NEIN, ABER LÖSUNGEN!

Sie sind im Ruhestand angekommen, haben tausend Probleme im Kopf und wissen gar nicht, wo Sie anfangen sollen? Keine Sorge! Probleme sind schließlich da, um gelöst zu werden und deswegen haben wir Ihnen in diesem Kapitel die wichtigsten Problemlöser zusammengestellt. Ganz wichtig ist es im ersten Schritt nämlich, dass wir unsere Probleme nicht verdrängen, sondern Sie angehen. Wenn wir uns den Herausforderungen des Ruhestands stellen, können wir sie auch lösen und unsere Ängste besiegen.

2-1 IMMER DIE NR. 1 – GESUNDHEIT

Unser höchstes Gut ist die Gesundheit – so richtig zu schätzen weiß man dies aber leider meist erst, wenn man krank ist oder eine Krankheit durchlebt hat. Nehmen wir mal ein ganz banales Beispiel einer Verletzung: Sie haben sich in den Daumen geschnitten. Als solches vielleicht zum Glück gar nicht so wild, schließlich verheilt die Wunde komplikationslos und schon nach wenigen Tagen oder Wochen ist alles wie bisher. Ist Ihnen das schon einmal passiert? Dann wissen Sie sicherlich, wie unglaublich oft man seinen Daumen eigentlich im Alltag benötigt. Sobald er schmerzt, merken wir erst einmal, wie häufig wir ihn für die normalsten Dinge benötigen. Wir nehmen die Funktionalität unseres Körpers für selbstverständlich, schließlich hat er uns doch bisher auch super durchs Leben getragen. Damit er dies auch weiter zuverlässig tut, müssen wir aber auf unsere Gesundheit achten. Gerade in der Zeit der Corona Pandemie wurden viele von uns wachgerüttelt und die Gesundheit erlangte wieder einen hohen Stellenwert. Durch die Krise schaffte sie es, auf der Prioritätenliste wieder nach vorne zu rutschen und brachte den einen oder anderen zum Umdenken. Besonders im Alter ist eine gesunde Lebensweise wichtig, denn sie ist die beste Vorsorge für eine lange und glückliche Rente. Ein paar wichtige Tipps und Tricks für ein gesundes Leben haben wir daher im folgenden Kapitel für Sie gesammelt.

2-1-1
CANDYMAN & RED RED WINE ODER LIEBER TUTTI FRUTTI?

Einer der wichtigsten Einflussfaktoren auf unsere Gesundheit ist unsere Ernährung. Du bist, was du isst – schon mal gehört? Diese viel zitierte Binsenweisheit ist schnell mal lapidar dahingesagt, aber sie ist trotzdem wahr. Schließlich ist unser Körper wie ein Motor – und mit dem richtigen Sprit läuft er umso besser und länger. Damit auch Sie eine gesunde Ernährung in Ihren Rentenalltag integrieren können, haben wir einige Ernährungstipps für Sie zusammengestellt.

Mit dem höheren Alter gehen auch körperliche Veränderungen einher. Viele Menschen nehmen im Alter an Gewicht ab und haben durch die geringere Bewegung einen ebenfalls abnehmenden Energiebedarf. Was jedoch trotzdem konstant bleibt, ist der Bedarf an Nährstoffen und Vitaminen. Achten Sie also auf die folgenden Dinge, um auch im Alter ausreichend mit den notwendigen Nährstoffen versorgt zu sein:

- Setzen Sie auf nährstoffdichte Lebensmittel wie Obst, Gemüse, Vollkornprodukte, Hülsenfrüchte und Milch sowie Milchprodukte.

- Verzehren Sie regelmäßig fettreichen Fisch (z.B. Lachs oder Makrele) und nehmen Sie hochwertige, pflanzliche Öle zu sich (Oliven,- Raps- oder Walnussöl).

- Reduzieren Sie Ihren Fleisch- und Wurstkonsum auf maximal 3x pro Woche.

- Lebensmittel mit hohem Fett- und Zuckeranteil sollten nur selten konsumiert werden.

- Salzen Sie Ihre Gerichte nur sehr sparsam und verwenden Sie stattdessen lieber andere Gewürze und Kräuter.

- Bevorzugen Sie das Dämpfen und Dünsten von Lebensmitteln (statt sie zu kochen), um den Nährstoffgehalt hoch zu halten.

Wenn Sie diese Tipps berücksichtigen, können Sie vielen Erkrankungen bewusst vorbeugen. Eine der häufigsten medizinischen Probleme im Ruhestand ist beispielsweise das Auftreten von Verdauungsbeschwerden. Neben der eben genannten Ernährungsweise, können auch die folgenden Dinge helfen:

- Ausreichende Flüssigkeitszufuhr bringt den Darm wieder in Schwung. Mehr dazu erfahren Sie im Kapitel 2-1-4.

- Achten Sie auf genügend Eiweiß und Kalzium in Ihrer Ernährung, um die Abnahme der Knochenstabilität zu verringern.

- Statt dem Mittagsschlaf sollten Sie nach der Mahlzeit lieber einen kleinen Spaziergang machen. Dadurch unterstützen Sie den Verdauungsprozess und die Peristaltik des Darms.

- Starten Sie den Tag mit einem großen Glas Wasser, am besten noch vor dem Frühstück.

- Legen Sie Ihre Beine 20 Minuten hoch, um den Venen das Arbeiten zu erleichtern und um den Blutzufluss zum Verdauungstrakt zu verbessern.

ERNÄHRUNG ALS STURZPROPHYLAXE

Neben der Gesunderhaltung des Körpers, hat die Ernährung auch weitere Einflüsse, die es zu beachten gilt. Ab einem Alter von 65 Jahren nimmt die Gefahr eines Sturzes deutlich zu – etwa 30% der Menschen stürzen mindestens einmal pro Jahr. Mit zunehmendem Alter steigt diese Rate nochmals weiter an. Ein Sturz kann dabei risikoreiche Verletzungen mit sich bringen wie beispielsweise Knochenbrüche oder die Einschränkung der Mobilität durch Schmerzen. Neben vielen weiteren Faktoren, kann auch die falsche Ernährungsweise das Sturzrisiko erhöhen.

Ein starkes Übergewicht kann zum Beispiel dazu führen, dass kleine Trittleitern oder Hocker nicht mehr genutzt werden können. Durch das hohe Gewicht, entsteht eine zu hohe Last und die Tritte brechen und führen so zum Sturz. Da es sich um einen schleichenden Prozess handelt, bemerken viele dieses jedoch erst, wenn es schon zu spät ist. Auch Untergewicht kann die Sturzgefahr begünstigen. Schließlich setzt dieses die Standfestigkeit herab und Sie verlieren schneller die Balance. Der Verlust der Muskelmasse ist hier ein entscheidender Faktor, welchem Sie mit einer proteinreichen Ernährung entgegenwirken können. Wenn Sie sich also richtig ernähren, sind Sie gleich viel sicherer vor Stürzen.

DEMENZPRÄVENTION DURCH GESUNDE ERNÄHRUNG

Auch der viel gefürchteten Demenz können Sie mit einer gesunden Ernährungsweise entgegenwirken. Der Begriff Demenz beschreibt den schleichenden Prozess der Beeinträchtigung von verschiedenen Hirnfunktionen wie dem Gedächtnis, aber auch von sensomotorischen und sozialen Fähigkeiten. Demente Personen werden zunehmend vergesslich, desorientiert und häufig sogar ängstlich oder aggressiv.

Durch eine gesunde Lebens- und Ernährungsweise können Sie jedoch die Erhaltung der Gehirnfunktionen positiv beeinflussen. Eine wichtige Rolle spielen hierbei vor allem die Nährstoffe. Achten Sie also auf eine ausgewogene Ernährung mit viel Obst und Gemüse, die Aufnahme von ungesättigten Fettsäuren sowie weitere wichtige Vitamine. Ein gutes Beispiel für eine ganzheitliche Ernährungsweise ist die mediterrane Ernährung. Sie besteht aus den eben genannten

Produkten, welche möglichst täglich verzehrt werden sollten: Viel frisches Obst und Gemüse, nicht geschältes Getreide und Milchprodukte, moderater Genuss von Geflügel, Kartoffeln, Nüssen und Eiern, seltener Verzehr von rotem Fleisch, moderater Genuss von Wein und als aller wichtigster Punkt gilt die frische Zubereitung. Setzen Sie also auf eine frische Küche und verzichten Sie auf industriell gefertigte Ware.

2-1-2
NIE WAR ES SO WERTVOLL WIE HEUTE – VITAMIN D

Das sagenumwobene Vitamin D ist heute in aller Munde – jeder hat schon einmal von der besonderen Wirkung gehört, jeder weiß um die Wichtigkeit einer ausreichenden Vitamin D Zufuhr. Aber warum ist das überhaupt so? Es ist ganz einfach: Vitamin D ist tatsächlich immens wichtig für unsere Gesundheit, denn insbesondere im Alter brauchen wir genügend Vitamin D für unsere Knochen. Eine hohe Knochendichte vermindert zum Beispiel die Gefahr eines Sturzes.

Vitamin D hat einen Einfluss auf die Funktion unserer Muskeln und unterstützt die Zunahme der Muskelmasse. Dadurch verbessert sich unsere Koordination, wodurch Stürzen vorgebeugt werden kann. Außerdem beeinflusst Vitamin D den Knochenstoffwechsel – entsteht ein Mangel an Vitamin D kann dies also zur Entstehung von Osteoporose beitragen. Auch andere, gerade im Alter „gern" auftretende Missstände können durch Vitamin D Mangel ausgelöst oder verschlimmert werden. Dazu gehören u.a. Haarausfall, Gliederschmerzen oder eine erhöhte Anfälligkeit für Infekte.

Aber wie nimmt man nun genug Vitamin D zu sich?

Vitamin D gibt es vollkommen gratis – schließlich produziert jeder Mensch dieses Vitamin mit Hilfe von Sonnenlicht automatisch. Wenn Sie sich also viel draußen an der frischen Luft aufhalten, produziert ihr Körper bis zu 90% Ihres Bedarfs an Vitamin D selbstständig. Entgegen vieler Annahmen muss hierfür kein ausgiebiges Sonnenbad genommen werden, sondern es reicht völlig aus, wenn Hände, Gesicht und Teile von Ihren Armen und Beinen vom Sonnenlicht berührt werden. Natürlich produziert aber jeder Körper unterschiedlich viel Vitamin D und mehrere Faktoren können die Produktion beeinflussen. Insgesamt gibt es jedoch in unseren Breitengraden nur einen sehr kleinen Anteil an Menschen mit einem Vitamin-D-Mangel. Für die körpereigene Produktion reicht es aus, wenn sich ein Erwachsener in den Sommermonaten in Deutschland zwischen 5 und 25 Minuten am Tag in der Sonne aufhält. Bei älteren Menschen nimmt die Vitamin D Bildung von Jahr zu Jahr ab, sodass hier eine Supplementierung hilfreich sein kann. Bei Ihrem Arzt können Sie Ihren Vitamin D Spiegel bestimmen lassen.

Ergänzend zur Produktion durch Sonnenlicht, kann auch über die Ernährung Vitamin D aufgenommen werden. Die höchste Konzentration bieten hierbei fette Fischsorten (Sie sehen schon, auf diese sollten Sie wirklich nicht verzichten), aber auch Leber, einige Speisepilze und Eigelb enthalten das lebenswichtige Vitamin.

Achten Sie also auf eine ausreichende Vitamin D Konzentration, aber übertreiben Sie es auch nicht, wenn Sie Präparate zu sich nehmen. Durch den natürlichen Weg kann kaum eine Überdosierung entstehen, bei der Einnahme von Präparaten sollten Sie jedoch die Grenze von 100 Mikrogramm pro Tag nicht überschreiten. Ansonsten könnte die Bildung von Nierensteinen oder eine Nierenverkalkung die Folge sein. Auch hier kann eine regelmäßige Bestimmung Ihres Vitamin D Spiegels durch Ihren Arzt Abhilfe schaffen.

2-1-3 MUTTI, MUTTI, ER HAT ÜBERHAUPT NICHT GEBOHRT

Schon in jungen Jahren gehört der regelmäßige Besuch beim Zahnarzt einfach dazu. Schließlich sehen gesunde Zähne nicht nur optisch schön aus, sondern sind auch für unseren Gesamtzustand von besonderer Bedeutung. Denn schlechte Zähne, Entzündungen im Mundbereich oder andere Zahnerkrankungen können sich unter anderem auch auf den Herzmuskel auswirken und so weitere Erkrankungen nach sich ziehen.

Dass das fortschreitende Alter einen Einfluss auf Ihren allgemeinen Gesundheitszustand hat, haben Sie nun bereits gelernt. Aber auch der Mundraum und die Zähne verändern sich mit dem Älterwerden, sodass Sie diese ganz besonders im Blick behalten sollten. Schließlich wollen Sie sicherlich noch lange auf gesunde, schöne und starke Zähne vertrauen, mit denen Sie auch festere Nahrung problemlos zu sich nehmen können, oder? Wenn Sie älter werden, verringert sich der Speichelfluss und der Zahnschmelz nimmt mit der Zeit immer weiter ab. Mit einer gesunden Ernährung und einer regelmäßigen, sanften Zahnpflege können Sie diesen Prozess entschleunigen und Ihre Zähne langfristig gesund halten. Wir haben einige Informationen und Tipps für Sie zusammengestellt, mit denen Ihre Zähne noch lange schön und gesund bleiben.

ERHALTEN SIE DIE ZAHNSUBSTANZ!

Vielleicht haben Sie auch schon einmal davon gehört, dass die Zähne im Alter dünner werden. Das stimmt tatsächlich, da der schützende Zahnschmelz nach und nach abbaut. Das passiert vor allem dann, wenn Sie säurehaltige Speisen und Getränke zu sich nehmen - auch schon im jungen Alter. Natürlich müssen Sie nicht voll und ganz auf Zitrone und Co. verzichten, aber Sie sollten solch säurehaltigen Lebensmittel nur in moderaten Mengen verzehren, um Ihren Zahnschmelz zu schützen. Oder aber Sie neutralisieren die Säure durch zusätzliche Zahnhygiene und Maßnahmen wie:

- Ausspülen des Mundes mit klarem Wasser nach jeder Mahlzeit.

- Anregung des Speichelflusses zur Remineralisierung des Zahnschmelzes (bspw. durch zuckerfreie Zahnpflegekaugummis.

- Kombination von säurehaltigen Speisen mit Milchprodukten.

BEUGEN SIE MUNDTROCKENHEIT VOR!

Je älter wir werden, desto weniger Speichel produziert unser Körper. Das führt dazu, dass viele Ruheständler mit Mundtrockenheit zu kämpfen haben. Dabei handelt es sich nicht nur um ein unangenehmes Gefühl, sondern begünstigt im schlimmsten Fall sogar Krankheiten. Durch die trockenen Schleimhäute können sich Erkältungserreger schneller festsetzen und die nächste Grippe ist vorprogrammiert. Um dem Abhilfe zu schaffen, sollten Sie am besten immer eine Flasche Wasser dabei haben. So können Sie jederzeit einen kleinen Schluck trinken und dadurch Ihren Mundraum befeuchten. Außerdem können Sie durch Kaugummikauen die Speicheldrüsen anregen und sorgen so für einen ausreichenden Speichelfluss.

STRAHLENDES WEISS IST DOCH GAR NICHT SO WICHTIG!

Mit dem Alter werden die Zähne dunkler. Das ist ein ganz natürlicher Prozess der Natur. Halb so schlimm, oder? Schließlich haben Sie in den letzten Jahrzehnten sicherlich einiges an Speisen und Getränken wie Kaffee, Rotwein oder schwarzem Tee zu sich genommen – das schädigt den Zahnschmelz und sorgt für eine dunklere Zahnfarbe. Suchen Sie aber trotzdem in regelmäßigen Abständen Ihren Zahnarzt auf, um abklären zu lassen, ob die Zahnverfärbung einen natürlichen Ursprung hat oder eventuell eine Krankheit dahintersteckt. Sollten Sie sich an Ihrer Zahnfarbe stören, können Sie ein leichtes Bleaching (also eine Zahnaufhellung) in Absprache mit Ihrem Zahnarzt durchführen lassen. Dabei sollte Ihr Zahnschmelz jedoch noch intakt sein, um Schmerzempfindlichkeit zu verhindern.

BEIßEN SIE RICHTIG UND OFT ZU!

Wir Menschen sind oft kaufaul. Ganz egal ob jung oder alt – häufig schlingen wir unsere Nahrung einfach nur runter und kauen nicht ausreichend. Dabei ist der Kauvorgang für viele Prozesse im Körper wichtig. Die im Speichel enthaltenen Enzyme zersetzen die Nahrung bereits im Mund und bereiten dadurch den Verdauungsprozess vor.Durch ausgiebiges Kauen wird der Nahrungsbrei verträglicher für den Magen und Darm gemacht und der verstärkte Speichelfluss reinigt gleichzeitig auch die Mundhöhle. Ein weiterer positiver Effekt von ausreichendem Kauen ist die remineralisierende Wirkung des Speichels auf unseren Zahnschmelz. Achten Sie also darauf, jeden Bissen ausreichend oft zu Kauen, um all die Vorteile mitnehmen zu können.

AUCH DIE DRITTEN WOLLEN SAUBER SEIN!

Viele Ruheständler nutzen Prothesen und Implantate. Auch diese müssen täglich gründlich gereinigt werden und erfordern genauso viel Pflege wie „normale" Zähne. Zahnersatz kann sonst nämlich schnell ein Nährboden für Keime und Bakterien werden, der für Schäden am Zahnersatz selbst, aber auch für Krankheiten der Restbezahnung und am Zahnfleisch sorgen kann.

Wenn Sie sich dieser Punkte bewusst sind, entscheiden Sie sich täglich für die gründliche Reinigung Ihrer Zähne und regelmäßige prophylaktische Behandlungen beim Zahnarzt.

Auf diese Weise bewahren wir uns unser strahlendes Lächeln auch im Ruhestand!

2-1-4
WASSERKRAFT

Täglich mindestens 1,5 Liter bis 2 Liter trinken – na, haben Sie diesen Spruch auch noch im Ohr? Die Aufnahme von Flüssigkeit ist für unseren Körper enorm wichtig, denn sie hat Auswirkungen auf vielerlei Körperfunktionen. Klingt erst einmal gar nicht so schwierig, aber mit zunehmendem Alter nimmt das Durstempfinden häufig ab.

Viele Ruheständler erreichen daher nicht mehr die empfohlene Trinkmenge, was negative Auswirkungen auf die Gesundheit haben kann.

Die geringe Flüssigkeitsaufnahme kann zwei verschiedene Ursachen haben: Einige Ruheständler vergessen aufgrund des geminderten Durstempfindens einfach zu trinken. Wiederum andere nehmen bewusst wenig Flüssigkeit zu sich, weil sie Angst vor dem (nächtlichen) Harndrang haben oder ihre Blase nicht mehr bewusst kontrollieren können. Egal welcher Grund vorherrscht, er muss behoben werden. Denn wenn wir zu wenig trinken, kann der Körper austrocknen und unser Mineralstoffhaushalt gerät durcheinander. Das Ergebnis ist die bereits eben erwähnte Mundtrockenheit, aber auch Verstopfungen und Kreislaufprobleme und sogar Demenz können die Folge sein.

WIE VIEL SOLLTEN RUHESTÄNDLER ALSO TÄGLICH TRINKEN?

Empfohlen wird eine Trinkmenge von mindestens 1,5 Litern pro Tag, welche ungefähr 6 großen Gläsern entspricht. Die Flüssigkeitsaufnahme sollte hauptsächlich durch das Trinken von Wasser erfolgen. Aber auch ungesüßte Kräuter- oder Früchtetees und verdünnte Gemüse- und Fruchtsäfte sind in Maßen erlaubt. Wichtig ist außerdem, dass sie kontinuierlich über den Tag verteilt immer eine kleine Menge Wasser zu sich nehmen. Es ist kontraproduktiv, wenn Sie erst dann etwas trinken, wenn Sie bereits Durst empfinden – denn das ist ein klares Zeichen Ihres Körpers, dass er sich bereits nach Wasser und Flüssigkeit sehnt, um normal weiterarbeiten zu können.

Damit Ihnen das auch gelingt, kann es hilfreich sein, immer eine Flasche Wasser oder eine mit Tee gefüllte Thermoskanne in Sichtweite zu haben. So werden Sie automatisch daran erinnert, dass Sie etwas trinken müssen – ganz ohne Durstgefühl.

Ihr Flüssigkeitsbedarf wird jedoch nicht nur über das Trinken gedeckt. Auch einige Speisen mit hohem Wasseranteil (wie Suppen, Obst und Gemüse sowie Eintöpfe) können zur Deckung des Bedarfs beitragen. Achten Sie also darauf, dass Sie sich ausgewogen ernähren und ihren persönlichen Flüssigkeitsbedarf decken.

Dieser kann zudem von Person zu Person unterschiedlich sein. Das hängt vor allem mit dem persönlichen Bewegungsumfang zusammen, aber auch mit der Einnahme von Medikamenten, Krankheiten oder äußeren Umständen wie besonders warmen Umgebungstemperaturen.

WIE ERKENNE ICH EINEN FLÜSSIGKEITSMANGEL?

Besonders im Ruhestand kann eine geringe Aufnahme an Flüssigkeit zu kritischen Situationen führen und ein gesundheitliches Risiko darstellen. Erkennen können wir einen Flüssigkeitsmangel an folgenden Anzeichen:

- Starkes Durstempfinden
- Verwirrung
- Kreislaufschwäche
- Im schlimmsten Fall Bewusstlosigkeit

In den meisten Fällen kann ein vorhandenes Flüssigkeitsdefizit bereits durch ausreichendes Trinken ausgeglichen werden. Sollte dies nicht der Fall sein, können Infusionen bzw. ein Krankenhausaufenthalt Abhilfe schaffen. Damit es jedoch gar nicht so weit kommt, haben wir noch einmal die wichtigsten Tipps zusammengestellt:

TRACKEN SIE IHR TRINKVERHALTEN IN EINEM PROTOKOLL

Schreiben Sie sich auf, wie viel Sie über den Tag verteilt trinken. So haben Sie immer einen Überblick, wie viel Flüssigkeit Sie für den Tag noch benötigen und können schnell nachsteuern, sollten Sie zu wenig zu sich genommen haben. Nach spätestens einer Woche können Sie sicherlich ein bestimmtes Muster erkennen und so herausfinden, zu welchen Gelegenheiten noch ein bisschen mehr Flüssigkeit getrunken werden könnte.

ENTWICKELN SIE EINEN BESTIMMTEN RHYTHMUS

Tägliche Rituale gehen uns ins Blut über, sodass wir sie gar nicht mehr wirklich vergessen können. Genauso ist es auch mit einem Trinkrhythmus, den Sie jeden Tag wiederholen können. Beginnen Sie den Tag zum Beispiel jeden Morgen mit einem großen Glas Wasser und setzen Sie sich um 17 Uhr in Ihren Lieblingssessel für den 5 Uhr Tee. Auch zu jeder Mahlzeit können Sie ein großes Glas Wasser trinken und so Ihre Trinkmenge steigern.

MACHEN SIE GETRÄNKE ÜBERALL VERFÜGBAR

Verteilen Sie im ganzen Haus Wasserflaschen, sodass Sie jederzeit und überall auf eine Ration Flüssigkeit zurückgreifen können. So müssen Sie gar nicht erst lange Wege zurücklegen und laufen daher nicht Gefahr, auf dem Weg zur Küche zu vergessen, was Sie dort eigentlich wollten.

BEREITEN SIE IHRE TRINKMENGE VOR

Füllen Sie morgens eine große Karaffe mit 1,5 Litern Wasser, welche Sie über den Tag verteilt leeren wollen. So haben Sie einen Überblick über Ihre bereits geschaffte Trinkmenge.

LASSEN SIE IHR GLAS NIEMALS LEER

Sobald Sie Ihr Glas ausgetrunken haben, sollten Sie es sofort wieder mit einem neuen Getränk füllen. So haben Sie nie ein leeres Glas vor sich und kommen gar nicht in Versuchung, eine längere Trinkpause einzulegen.

Beugen Sie also durch diese einfachen Tipps einem Flüssigkeitsmangel vor. Damit tun Sie sich und Ihrem Körper etwas Gutes, und beugen vielerlei Krankheiten vor. Gesundheitsvorsorge kann so einfach sein – Prost!

2-1-5
HAB ICH DOCH IMMER SCHON SO GEMACHT...

Mit zunehmendem Alter wird es immer schwieriger, seine alten Gewohnheiten aufzubrechen und noch einmal etwas Neues zu wagen. Schließlich hat es sich ein Leben lang bewährt – was soll dann plötzlich daran verkehrt sein? „Das war schon immer so" ist ein Satz, den wir ganz häufig hören und in dem gleichzeitig so viel Wahres aber auch so viel Verkehrtes steckt.

Nur, weil wir eine Sache unser Leben lang gemacht haben, heißt das nicht, dass sie auch wirklich gut ist - oder dass es zumindest einen noch besseren Weg gibt – wir haben ihn einfach noch nie ausprobiert. Geht es Ihnen ähnlich? Wir haben hier einige typische Gewohnheiten aufgelistet, die Ihnen schaden können. Kreuzen Sie doch einfach an, in wie vielen davon Sie sich wiedererkennen:

- Rauchen
- Ungesunde Ernährungsweise
- Übermäßiger Alkoholkonsum
- Wenig Trinken
- Ständiger Zeitdruck und Hetzen von Termin zu Termin
- Mangelnde Bewegung
- Fehlende Gelassenheit
- Angst, etwas zu verpassen
- Zunehmende Angst und Kopfzerbrechen über Krankheiten

Na, haben Sie das eine oder andere Kreuzchen gesetzt? Damit sind Sie sicherlich nicht alleine. Aber da Sie bereits dieses Buch in den Händen halten, sind Sie auf einem guten Weg, diesen Gewohnheiten den Kampf anzusagen. Es mag zwar ein Leben lang gut gegangen sein mit den ständigen Zigaretten und dem vielen Fastfood, aber ein junger Körper kann auch mehr Belastungen verzeihen. Im Alter sollten Sie mehr auf Ihre Gesundheit Acht geben, da Ihr Körper Ihnen jede schlechte Gewohnheit sehr viel übler nimmt als noch vor einigen Jahren.

Also, wie sieht es aus – haben Sie schon einmal über eine Veränderung Ihrer Gewohnheiten nachgedacht? Falls nicht, haben wir hier einige Impulse für Sie, wie Sie ganz einfach neue, bessere Gewohnheiten aufbauen können, um Ihren Ruhestand gesund und glücklich auszukosten.

Zuerst einmal eine gute Nachricht: Gewohnheiten sind durchaus etwas Positives! Sie geben unserem Alltag eine Struktur und uns fallen viele Dinge einfach leichter, wenn wir daran gewöhnt sind, sie zu erledigen. Aber manchmal ist es eben einfach an der Zeit, eine bestimmte Gewohnheit abzulegen bzw. eine neue Verhaltensweise zu etablieren. Und genau dieser Zeitpunkt ist jetzt gekommen – wann, wenn nicht jetzt, in Ihrem Ruhestand? Gerade jetzt haben Sie besonders viel Zeit, um sich mit sich selbst und der Gestaltung Ihres Alltags auseinanderzusetzen.

Es fällt natürlich nicht so leicht, eine jahrelang durchgeführte Gewohnheit einfach so abzulegen. Dafür braucht es vor allem drei Dinge: Zeit, Geduld und einen starken Willen. Schließlich passiert so eine Veränderung der Lebensweise nicht von heute auf morgen. ist ein ständiger Prozess. Es kann helfen, wenn Sie sich darüber bewusst sind, wie Ihre Gewohnheiten überhaupt entstanden sind.

WARUM ENTWICKELN WIR ÜBERHAUPT GEWOHNHEITEN?

Erinnern Sie sich noch an Ihre erste Fahrstunde mit dem Auto? Sicherlich waren Sie nach den 45 Minuten vollkommen fix und fertig, weil Sie an so viele verschiedene Dinge gleichzeitig denken mussten: Schulterblick hier, Schalten da, Blick in den Spiegel nicht vergessen und dabei auch noch auf die Verkehrszeichen und die Umgebung achten. Da hatte Ihr Gehirn ordentlich etwas zu tun. Durch das ganze Denken und die komplexen, bewussten Handlungen verbraucht das Gehirn unheimlich viel Energie - und das würde uns auf Dauer ständig müde machen.

Das Schöne an Gewohnheiten ist also, dass wir aufhören, bestimmte alltägliche Handlungsabfolgen zu überdenken. Es geschieht voll und ganz automatisch, ohne dass wir wertvolle Energie verschwenden. Viele unserer Gewohnheiten helfen uns dabei effektiv durch den Alltag und schützen uns vor dem Verlust einer Menge Gehirnschmalzes. Es gibt jedoch auch schlechte Gewohnheiten und genau diesen wollen wir heute den Kampf ansagen.

WIE ENTSTEHEN GEWOHNHEITEN?

Bevor eine Gewohnheit entsteht, muss eine bewusste Handlung durchgeführt werden. Wenn wir diese dann regelmäßig wiederholen, lernt unser Gehirn dazu und entwickelt einen gewissen Automatismus - die Gewohnheit.

Die folgenden drei Faktoren spielen bei der Entstehung von Gewohnheiten eine große Rolle:

1. DER ANREIZ („LUSTFAKTOR")

Der Anreiz ist der sogenannte Auslöser für eine bestimmte Handlung. Die Art des Anreizes ist ganz unterschiedlich. Es kann sich hier um eine bestimmte Uhrzeit handeln, aber auch bestimmte Ereignisse oder Gefühle können den Lustfaktor begünstigen. Einfache Beispiele hierfür sind der Kaffee direkt nach dem Aufstehen morgens oder das klassische Bier zum Feierabend, wenn man sich auf die Couch gesetzt hat.

2. BELOHNUNG

Damit sich die Gewohnheit in unserem Kopf festsetzt, spielt die Belohnung eine entscheidende Rolle. Das Gehirn schüttet das Glückshormon Dopamin aus und sorgt dafür, dass Sie sich wohl fühlen und die Gewohnheit mit etwas Positivem verbinden. Dieser Faktor ist ganz entscheidend dafür verantwortlich, dass es so schwierig ist, Gewohnheiten loszuwerden.

3. ROUTINE

Um neue, gute Gewohnheiten zu etablieren, müssen Sie regelmäßig wiederholt werden. So erlernt das Gehirn den Automatismus und verinnerlicht diesen.

Machen wir doch mal ein einfaches Experiment:
Lehnen Sie sich bequem auf Ihrem Stuhl oder Sofa zurück und verschränken die Arme vor der Brust.

Fertig?

Dann versuchen Sie es jetzt doch nochmal – nur, dass der eben unten liegende Arm jetzt die Position wechselt und oben liegt.

Gar nicht so einfach, oder? Es dauert im Schnitt bis zu zwei Wochen bis eine solch simple Handlung aus unseren Gewohnheiten verschwindet und Platz für eine neue macht. Die ganzen zwei Wochen langt wehrt sich unser Gehirn noch gegen den anstrengenden und energieraubenden Prozess des Denkens. Schließlich haben Sie das doch schon immer so gemacht...

Wenn Sie nun also neue Gewohnheiten etablieren wollen, müssen Sie sich mit der Arbeitsweise Ihres Gehirns anfreunden. Beim ersten Mal ist eine Handlungsabfolge vielleicht noch sehr kompliziert und frisst viel Energie, aber je öfter Sie die neue Verhaltensweise an den Tag legen, desto einfacher wird es für Ihr Gehirn und damit auch für Sie. Schließlich liebt unser Gehirn die dadurch entstehenden Automatismen. So muss es nicht mehr so viel Gehirnschmalz aufbrauchen.

Schwieriger wird es jedoch, wenn es darum geht alte, erlernte Gewohnheiten abzulegen. Denn genau dann muss dein Gehirn diese ressourcensparenden Verhaltensweisen aufgeben und die alten, hart erarbeiteten Strukturen werden unbrauchbar. Das kostet nicht nur wertvolle Energie, sondern lenkt auch noch das Bewusstsein von den anderen schönen Dingen des Alltags ab. Damit es Ihnen also trotzdem gelingt, müssen Sie versuchen, langfristig zu denken. Denn natürlich kostet es im ersten Moment mehr Energie, das frische Gemüse zu schnippeln statt auf ein Fertiggericht zurückzugreifen. Aber langfristig gesehen, entstehen Ihnen dadurch gesundheitliche Vorteile und Sie werden sich fitter und wohler fühlen.

DIESE 7 SCHRITTE HELFEN IHNEN BEI DER ETABLIERUNG NEUER GEWOHNHEITEN

1. GEWOHNHEITEN ERKENNEN

Werden Sie sich klar darüber, welche Angewohnheit Sie überhaupt ändern möchten. Für Sie ist dieser Schritt relativ einfach – suchen Sie sich einen von Ihren angekreuzten Sätzen aus.

2. AUSLÖSER AUSFINDIG MACHEN

Finden Sie heraus, welche Gelegenheit Ihre Angewohnheit auslöst. Rauchen Sie zum Beispiel, weil Sie auf etwas warten? Fläzen Sie sich auf die Couch, weil Sie nun mal im Wohnzimmer steht? Wenn Sie den Hintergrund Ihrer Gewohnheit kennen, wird es Ihnen leichter fallen, diese zu ändern.

3. SCHAFFEN SIE ALTERNATIVEN

Es reicht nicht aus, bestimmte Dinge einfach zu unterlassen. Damit sich Ihre Gewohnheiten langfristig ändern, ist es wichtig, dass Sie eine Alternative finden. Zum Beispiel das Kaugummi statt der Zigarette oder der gerade Sitz auf einem Stuhl – wenn Sie eine Alternative gefunden haben, ist das Rückfallrisiko viel geringer. Wichtig ist jedoch auch, dass Sie daran glauben und davon überzeugt sind, dass die neue Gewohnheit besser ist als die Alte. Schließlich wollen Sie diese auch Durchhalten. Willensstärke – Sie erinnern sich?

4. BELOHNEN SIE SICH

Wir haben bereits gelernt, dass Glücksgefühle die beste Belohnung für unser Gehirn sind. Durch ausgeschüttete Dopamine fördern wir die Entstehung von Gewohnheiten. Am besten belohnen Sie sich, indem Sie stolz auf sich sind und sich selbst loben. Schließlich sind Sie auf dem besten Weg, Ihre alten Gewohnheiten abzulegen und Platz für etwas Neues zu schaffen.

5. KONTROLLE IST DAS A UND O

Sie wollen doch schließlich wissen, ob Sie erfolgreich und auf dem richtigen Weg sind, oder? Daher macht es Sinn, wenn Sie Ihren Fortschritt kontrollieren. Das können Sie ganz einfach selbst tun, in dem Sie ein kleines Protokoll führen und sich notieren, wie oft Sie bereits auf die Zigarette oder den faulen Abend auf der Couch verzichtet haben. Sie können jedoch auch Freunde und Familie um eine Kontrolle bitten. So schaffen Sie sich gleichzeitig hilfreichen sozialen Druck – schließlich wollen Sie die Erwartungen der anderen nicht enttäuschen, oder?

6. VERMEIDEN SIE VERSUCHUNGEN

Machen Sie sich bewusst, dass gerade in der Übergangsphase die alte Routine noch viel stärker vorhanden ist als die neue. Gehen Sie daher sämtlichen Versuchungen am besten aus dem Weg, um nicht in alte Muster zu verfallen.

7. BLEIBEN SIE STARK

Am Ball bleiben ist das aller, aller Wichtigste. Wenn Sie mindestens zwei Monate am Stück diszipliniert auf Ihr Ziel hinarbeiten, werden Sie es auch schaffen, diese neue Gewohnheit in Ihren Alltag zu integrieren. Bleiben Sie geduldig, schließlich braucht ihr Gehirn eine gewisse Zeit. Immerhin geht es um lebenslang erlernte Prozesse.

2-2 EINSTEINS FAHRRAD

„Das Leben ist wie Fahrrad fahren. Um die Balance zu halten, musst du in Bewegung bleiben."

— Albert Einstein

Schon unser guter, alter Einstein wusste um die Wichtigkeit von Bewegung. Dabei geht es nicht nur um die körperliche Ertüchtigung - auch geistig ist es wichtig, so lange wie möglich in Bewegung zu bleiben. Denn nur, wer sich regelmäßig herausfordert - ganz egal ob bei einer Fahrradtour oder beim Kreuzworträtsel - bleibt auch lange fit. Wie Sie körperliche und geistige Aktivitäten am besten in Ihren Ruhestand integrieren, erfahren Sie in diesem Kapitel.

2-2-1
WER RASTET, DER ROSTET!

Auch diese Binsenweisheit haben Sie sicherlich schon einmal gehört, oder? Sie merken vielleicht, dass solche Sprüche nicht ohne Grund in aller Munde sind. Meistens werden sie weitergegeben, weil einfach etwas Wahres an ihnen dran ist – und genauso ist es auch in diesem Fall. Je mehr wir uns auf unserem Alter ausruhen, desto träger werden wir auch mit der Zeit.

Bei diesem Spruch handelt es sich um eine Redensart aus dem Jahr 1837 – er ist also schon verdammt alt, aber trotzdem noch immer gültig. Wer sich zu wenig bewegt oder geistig aktiv ist, der wird früher oder später den negativen Einfluss auf die Gesundheit und Leistungsfähigkeit bemerken. Durch zu wenig Aktivität – egal ob körperlich oder geistig – gerät der Körper in eine Art Stillstand und dieser Stillstand ist pures Gift für die Gesundheit.

ABER WARUM IST DAS SO?

Bewegung ist für uns Menschen lebensnotwendig. Unser Körper kann aufgrund seines Aufbaus nur durch genügend Bewegung gesund gehalten werden. Mangelnde Bewegung führt dazu, dass der Körper mit der Zeit immer unbeweglicher wird. Die Muskeln werden durch regelmäßige Anspannung gekräftigt und machen ein Training unabdingbar. Auch unsere Gelenke benötigen regelmäßige Bewegung, damit sie lange schmerzfrei bleiben. Sie werden durch Knorpel verbunden, in welchen sich eine Masse befindet, die durch Bewegung auch selbst in Bewegung gerät. Wie durch einen Schwamm wird die Gelenkflüssigkeit entweder aufgezogen oder ausgepresst, sodass die Gelenke weiterhin flüssig funktionieren und nicht steif werden. Ein weiterer wichtiger Punkt ist der Aufbau einer gewissen Ausdauer. Wenn Sie sich regelmäßig bewegen, haben Sie eine bessere Ausdauer und können besser mit Ihren Atemzügen umgehen. Insbesondere im Alter ist dies wichtig für Ihre Gesundheit.

Sie glauben es noch nicht? Dann nehmen wir doch mal als Beispiel ein rostendes Auto. Das kennen Sie sicherlich noch aus Ihrer Jugendzeit, oder? Wir haben wahrscheinlich alle während Ausbildung oder Studium eine alte, rostige Möhre gefahren - Hauptsache wir kamen von A nach B. Gar nicht mehr zu vergleichen mit all dem technischen Schnick Schnack, den Autos heutzutage bieten. Aber auch bei einem Auto gilt genau das Gleiche wie für unseren menschlichen Körper: Ein Auto muss gefahren werden und in Bewegung bleiben. Besonders den Bremsen, den Reifen und auch der Batterie tut ein Stillstand überhaupt nicht gut und das Auto beginnt zu rosten. Ähnlich ist es eben auch bei unserem Körper.

Im Kapitel 4 dieses Ratgebers haben wir daher einige Möglichkeiten für Sie aufgelistet, wie Sie auch im Ruhestand weiterhin aktiv und fit bleiben können. Schließlich wollen wir ja nicht, dass bald schon der erste Rost ansetzt, oder?

2-2-2 ABER AUCH: IN DER RUHE LIEGT DIE KRAFT!

So wichtig Bewegung und geistige Aktivität auch im Alter ist, genauso wichtig sind auch das Runterkommen und die Entspannung. Schließlich haben wir genug arbeits- und stressreiche Jahre hinter uns, sodass wir den Ruhestand jetzt dafür nutzen können, dem Stress ein Ende zu bereiten. Und genau das sollten wir auch tun!

Na klar, Sie sollten sich weiterhin viel bewegen und aktiv bleiben - aber das ganz ohne Zeitdruck und Stress. Machen Sie genau die Aktivitäten, die Ihnen Spaß bereiten und zu denen Sie just in diesem Moment Lust haben. Wichtig ist nämlich vor allem, dass dadurch kein sogenannter Freizeitstress aufkommt. Schließlich ist der Ruhestand auch dafür gedacht, dass Sie Kraft tanken und neue Energie aus der gewonnenen Zeit schöpfen. Am besten kommt man zur Ruhe, wenn man auch innerlich und mental mit sich selbst im Reinen ist. Diese tiefe innere Ruhe führt dazu, dass wir voll und ganz entspannen können und loslassen.

Vielleicht haben Sie selbst schon eine solche Altersgelassenheit in sich feststellen können? Viele Ruheständler genießen diese gemütliche Stimmung schon von Anfang an, wieder andere stärken ihre innere Kraft durch Yoga oder Meditation. Durch eine gewisse Erfahrung, die wir über unser gesamtes Leben hinweg entwickelt haben, nehmen wir viele Dinge lockerer und gelassener auf. Was uns mit Mitte 20 noch auf die Palme gebracht hat, regt uns in den 30ern vielleicht nur noch kurz auf – sobald wir jedoch die 60 passieren, haben wir für solche Alltagsmomente im besten Fall nur noch ein müdes Lächeln übrig. Und das ist auch gut so! Menschen, die im Alter gelassener werden, haben oftmals einen längeren und zufriedeneren Ruhestand vor sich und können diese Lebensphase voll und ganz auskosten. Einige andere werden im Alter eher verbittert, jähzornig oder sogar zynisch.

Damit Ihnen das nicht passiert, sollten Sie sich bewusst mit Ihrer Person und Ihrer Lebenssituation auseinandersetzen. Denn wenn wir mit uns selbst im Reinen und zufrieden sind, strahlen wir das auch aus. Machen Sie sich Ihre Lebenserfahrung zu Nutze und blicken Sie entspannt auf Ihr bisheriges Leben zurück. Stellen Sie sich dabei die folgenden Fragen:

- Was habe ich bisher in meinem Leben erreicht?
- Worauf bin ich stolz?
- Für welche Erfahrungen bin ich besonders dankbar?
- Welche Erlebnisse zaubern mir bis heute ein Lächeln ins Gesicht?
- Welche Hürden habe ich bereits überwunden?
- Welche Ziele habe ich erreicht?
- Welche Träume und Wünsche konnte ich mir erfüllen?

Wenn Sie positiv an die Sache herangehen, werden Sie schnell feststellen, dass Sie eine positive Grundeinstellung zu Ihrem Leben bekommen. Schließlich fördern positive Gedanken auch eine positive Haltung und mit den oben genannten Fragen werden Sie sicherlich zu einigen tollen Erinnerungen Ihres bisherigen Lebens zurückfinden und feststellen, dass Sie bisher eine wunderbare Zeit hier auf dieser Erde hatten. Mit dieser positiven Grundstimmung und inneren Ruhe und Gelassenheit kann es doch für den Ruhestand genauso toll weitergehen, oder?

2-2-3
BORN-OUT STATT BURN-OUT?

Statt dem täglichen Stress leiden Sie nun unter der Langeweile des Ruhestands? Damit sind Sie nicht alleine! Mit dem Verlust der Tagesstruktur und den damit verbundenen täglichen Anforderungen des Berufs kehrt oft die Langeweile ein. Das ist ein ganz natürlicher Prozess für uns Menschen als Gewohnheitstiere. Schließlich findet nicht mehr jeden Mittwoch um 10:00 Uhr das wöchentliche Meeting mit dem Lieferanten statt und auch die gemeinsame Mittagspause mit den Kollegen pünktlich um 12:30 Uhr fällt ab jetzt aus.

Viele Ruheständler fühlen sich mit dieser neuen Situation unwohl, weil sie nicht wissen, was sie mit ihrer gewonnenen Zeit anstellen sollen. Schließlich fällt so vieles an Alltag weg und es findet eine Umgewöhnung an den neuen Tagesablauf statt. Es ist ganz normal, dass dies ein wenig Zeit benötigt und Sie nicht von heute auf morgen voll und ganz ausgelastet sind (falls doch, ist das natürlich prima!).

Um dieser Langeweile den Kampf anzusagen, brauchen Sie neue Strukturen für Ihren Alltag. Wir Menschen lieben feste Abläufe. Erinnern Sie sich noch an das Erlernen neuer Gewohnheiten aus Kapitel 2-1-5? Hier haben wir bereits gelernt, dass unser Gehirn regelmäßige Abläufe liebt, weil es dabei weniger Energie aufwenden muss. Genauso funktioniert das auch mit einer alltäglichen Struktur – diese tut nicht nur uns selbst, sondern auch unserem Gehirn gut. Also schaffen wir doch einfach gemeinsam eine neue Struktur für Ihren Tagesablauf, oder? Los geht's!

Als erstes müssen diese neuen Strukturen auch für Ihren individuellen Alltag und Ihre Persönlichkeit passen. Wer im Berufsleben bisher komplett unter Stress stand und vielleicht sogar eine Führungsposition innehatte, der braucht auch im Ruhestand eine fordernde Beschäftigung, um nicht in das Langeweile-Loch zu fallen. Damit Sie die für sich richtige Aktivität finden, haben wir im nächsten Kapitel einige Ideen zu interessanten Beschäftigungen für Sie zusammengestellt.

Für die Ruheständler unter Ihnen, die nicht so viel Zeit haben, jetzt bis aufs nächste Kapitel zu warten, haben wir hier bereits eine kurze Übersicht an möglichen Beschäftigungen. Schauen Sie einfach, welche der folgenden Fragen Sie für sich mit „Ja" beantworten können und finden Sie die passende Idee.

SIE WAREN BISHER ALS FÜHRUNGSKRAFT TÄTIG UND BRAUCHEN DIE HERAUSFORDERUNG?

Dann engagieren Sie sich ehrenamtlich in der Leitung von Vereinen, Stiftungen oder anderen Organisationen.

SIE WOLLEN IHR FACHWISSEN WEITERHIN NUTZEN UND AN JUNGE FACHKRÄFTE WEITERGEBEN?

Dann rennen Sie damit ganz sicher offene Türen ein. Es gibt einige Organisationen, die dringend nach erfahrenen pensionierten Fachkräften suchen, die ihr Wissen an die Belegschaft weitergeben. Diese Wissensvermittlung kann sowohl ehrenamtlich als auch gegen Entlohnung geschehen. Wie Sie sich einen kleinen Renten-Zuverdienst schaffen können, erfahren Sie im Kapitel 5.

SIE WOLLEN ETWAS SINNVOLLES MACHEN?

In jeder Stadt gibt es eine Vielzahl an gemeinnützigen Organisationen, die sich über tatkräftige Unterstützung freuen. Gutes tun ist also super einfach und macht nicht nur andere glücklich, sondern auch langfristig Sie selbst.

SIE WOLLEN EIN NEUES SOZIALES NETZ AUFBAUEN?

Gerade im Ruhestand ist es wichtig, dass Sie weiterhin soziale Kontakte pflegen. Das ist durch den Wegfall der Kolleginnen und Kollegen aber gar nicht mehr so einfach. Es gibt jedoch Organisationen wie die Nachbarschaftshilfe, Sportgruppen oder Vereine, bei denen Sie auch ganz einfach in Kontakt mit anderen Menschen kommen. Probieren Sie es aus!

SIE WOLLEN DEN KONTAKT ZU IHREM JOB NICHT VERLIEREN?

Klären Sie mit Ihrem bisherigen Arbeitgeber, ob es dort nicht noch eine weitere Beschäftigungsmöglichkeit für Sie gibt. Einige Ruheständler sind in ihrem ursprünglichen Betrieb weiterhin als Berater tätig und geben so ihr jahrelanges Wissen weiter.

NOCH NICHT DER RICHTIGE ZEITVERTREIB FÜR SIE DABEI?

Dann sollten Sie sich vielleicht doch noch etwas Zeit nehmen und sich intensiver mit dem kommenden Kapitel auseinandersetzen. In Kapitel 3 finden Sie eine Vielzahl an Beschäftigungsmöglichkeiten für den Ruhestand und Ideen, wie Sie Ihre Zeit gestalten können.

2-3
BEEN THERE, DONE THAT?

Sie haben in Ihrem Leben schon viel erlebt und gesehen? Sämtliche Reisen unternommen und viele verschiedene Hobbys ausprobiert? Dann machen Sie doch genau so weiter und wiederholen die schönen Dinge des Lebens. Denn nur weil Sie etwas schon einmal gemacht haben, ist es nicht gleich einfallslos oder langweilig. Es kann sogar einen besonderen Reiz haben, bestimmte Dinge noch einmal zu erleben. Ein echter Luxus, den nur Ruheständler genießen!

Jetzt haben Sie die notwendige Ruhe und Abgeklärtheit, um noch einmal mit einem völlig neuen Blick auf Entdeckungsreise zu gehen. Ganz egal, ob es dabei um bestimmte Hobbys, Urlaube, Sport oder andere Unternehmungen geht – versuchen Sie, es einfach noch einmal neu zu erleben. Sie werden feststellen, dass es eine ganz neue Erfahrung ist im Gegensatz zum letzten Mal. Schließlich sind nicht nur Sie als Person reifer und erfahrener geworden, sondern auch der Ort, die Sportart oder die Art der Unternehmung hat sich weiterentwickelt. Es kann also durchaus spannend sein, einen bereits besuchten Ort nach einigen Jahren nochmals anzusteuern, um die Veränderungen festzustellen. Schließlich steht die Welt um uns herum nicht still und ständig ändert sich etwas in unserer Umgebung.

Vielleicht haben Sie jetzt durch den Ruhestand neben der gewonnenen Zeit noch eine andere Ressource zur Verfügung? Vielleicht haben Sie in Ihren vielen Berufsjahren ein bisschen Geld zur Seite legen können, sodass Sie auch aus finanzieller Sicht neue Eindrücke sammeln können. Damals als Lehrling oder Student haben Sie vielleicht einen Roadtrip mit Trampen gemacht – abenteuerliche Übernachtung im Zelt mit den dazugehörigen Rückenschmerzen, neue Eindrücke, Kennenlernen verschiedener Kulturen und einfach ein tolles Gefühl von Freiheit. Was halten Sie davon, den genau gleichen Urlaub noch einmal zu erleben? Ja na klar, auf einer Isomatte schlafen ist für Ruheständler vielleicht nicht so der Hit – aber erinnern Sie sich an das eingangs erwähnte Geld? Vielleicht haben Sie nun mehr Mittel zur Verfügung als es damals der

Fall war und Sie wiederholen die Reise einfach in einem komfortablen Hotel oder mit einem Wohnmobil. Letzteres können Sie entweder mieten oder falls Sie Ihre Leidenschaft für das Camping neu entdecken auch selbst anschaffen.

So ist es zwar letztendlich die gleiche Reise – aber eben mit dem Luxus des Alters und dem Plus an Komfort. Allein durch die Änderung des Transportmittels wird auch die Reise selbst eine ganz andere sein und obwohl Sie an den verschiedenen Orten bereits waren, werden Sie diese aus einer ganz anderen Perspektive wahrnehmen können. Ein weiterer Vorteil des Ruhestands ist auch hier wieder die Zeit – Sie müssen den genannten Roadtrip nicht in Ihren 2-wöchigen Sommerurlaub quetschen und von einer Sehenswürdigkeit zur nächsten rasen. Nein, ganz und gar nicht. Sie haben Zeit! Zeit, dort zu bleiben, wo es Ihnen gefällt. Zeit, eine kleine Pause einzulegen, wenn Sie zwischendurch mal einen Tag entspannen möchten. Zeit, einfach nur das Leben zu genießen.

Wie wäre es daher mal mit:

- einer Reise an einen Ort, mit dem Sie besonders schöne Erinnerungen verknüpfen?
- einem ausgiebigen Frühstück in Ihrem Lieblingscafé?
- einem Hobby aus der Jugend, dass Sie nochmal aufleben lassen wie Schach, Kochen oder vielleicht eine Sportart?
- einem Ausflug mit Freunden an Ihren Lieblingsort aus der Jugend?

- oder was auch immer Ihnen in diesem Moment in den Kopf kommt.

Probieren Sie es einfach aus. Die beste Zeit ist jetzt!

2-4 VOKUHILA JETZT IN GRAU?

Das Leben hinterlässt Spuren - auf unserer Haut, an unserem Körper und an unseren Haaren. Das ist ein ganz natürlicher Prozess, den wir einfach annehmen sollten. Akzeptieren Sie einfach, dass das Alter einige Spuren in Ihrem Gesicht und auf Ihren Hüften hinterlässt. Das ist okay. Das ist gut so. Schließlich wäre es doch schade, wenn Ihr ganzes Leben spurlos an Ihnen vorbeigezogen wäre ohne Erinnerungen zu hinterlassen, oder?

Jede Falte und jedes graue Haar erzählen eine Geschichte. Ihre Geschichte. Vielleicht haben Sie bereits einige Fältchen an den Augen - die sogenannten Lachfältchen. Wäre es nicht schade, würde es die nicht geben? Denn das würde schließlich bedeuten, dass Sie in Ihrem bisherigen Leben nicht viel zu lachen hatten und ein freundliches Grinsen nur selten Ihr Gesicht geprägt hat. Denken Sie also immer daran - jede Falte erzählt eine Geschichte.

Um mal wieder eine Binsenweisheit mit hoher Gültigkeit zu zitieren: „Wahre Schönheit kommt von innen" - das gilt nicht nur in der Jugend, sondern auch im Alter. Mit einer positiven Lebenseinstellung wirken wir auf andere Menschen direkt freundlicher, sympathischer und dadurch eben auch schöner. Schließlich wollen wir alle im Endeffekt nur eins: glücklich sein! Und unser eigenes Glück und unsere innere Zufriedenheit strahlt auch auf andere über.

Des Weiteren kann eine gesunde Lebensweise dazu beitragen, dass Sie Ihre Schönheit so lange wie möglich strahlen lassen können. Ein paar Tipps hierzu haben Sie bereits in Kapitel 2 bekommen. Investieren Sie also in Ihre Gesundheit - denn damit investieren Sie auch gleichzeitig in Ihre innere (und äußere) Schönheit. Es braucht dafür keine teuren Cremes oder angebliche Wundermittel. Jugend kann man schließlich nicht kaufen, aber Sie können in sie investieren. Mit einer gesünderen Lebensweise sind Sie auf dem richtigen Weg, sich lange jung und fit zu halten. Wie bereits angesprochen, geht es hierbei nicht nur um körperliche Fitness, sondern auch um die geistige Aktivität. Tun Sie also selbst etwas für Ihre Schönheit und investieren Sie in Ihre Gesundheit. Es braucht keine teuren Mittelchen, einfach nur ein wenig Disziplin und Durchhaltevermögen - seien Sie es sich wert!

Und mal ganz ehrlich, so ein fescher Vokuhila aus den 80er Jahren lässt sich doch auch in Grau gut tragen, oder? Wie sagt man so schön - jeder Trend kommt irgendwann einmal zurück. Ganz egal ob es die alten engen Röhrenjeans sind oder die knalligen Neonfarben - suchen Sie doch mal bei einem Stadtbummel nach Dingen, die Sie zurück in Ihre Jugendzeit versetzen.

2-5 WER WIRD DENN GLEICH IN DIE LUFT GEHEN?

„Greife lieber zur HB, dann geht alles wie von selbst!" Sicher erinnern Sie sich an diese berühmte Zigarettenwerbung mit den lustigen Cartoons aus den 50er und 60er Jahren. Damals galt Rauchen noch als cool und so ziemlich jeder hatte einen Glimmstängel zwischen den Fingern. Heutzutage hat sich das Blatt glücklicherweise gewendet: Sie müssen zwar nicht jeden Trend mitmachen, aber diesen sollten Sie doch in Erwägung ziehen.

Rauchen ist der Feind. Es ist schädlich für unsere Gesundheit und beschleunigt den Alterungsprozess. Falls Sie es bisher noch nicht geschafft haben, aufzuhören, ist nun der perfekte Zeitpunkt gekommen. Im Ruhestand gibt es (zumindest im besten Fall) keine stressigen Arbeitssituationen, in denen der Griff zur Zigarette Routine geworden ist. Sie haben genügend Ruhe und können sich einfach kurz hinsetzen und einmal innehalten, statt zur Zigarette zu greifen. Wir sagen nicht, dass es einfach wird - aber wenn Sie es wirklich wollen, dann können Sie es auch schaffen.
Kaum zu glauben, wie sich die Wahrnehmung von Ziga-

retten in den letzten Jahren gewandelt hat. Damals war es vollkommen in Ordnung, in sämtlichen Situationen zu rauchen. Im Büro, auf dem Schulhof, in der Bar und gar selbst im Wartezimmer vom Zahnarzt – all das ist heutzutage unvorstellbar. Eine gesunde Lebensweise rückt immer mehr in den Vordergrund und wird gar zum Trend. Zigaretten gelten schon lange als out. Vorbei ist die Zeit, in der jemand lässig an einer Kippe gezogen hat und damit die Coolness in Person war. Mittlerweile gelten Zigaretten eher in niedrigeren Bildungsschichten als verbreitet und werden an immer weniger Orten geduldet.

In allen öffentlichen Gebäuden gilt Rauchverbot, aber auch die privaten Wohnzimmer sind in den letzten Jahren vermehrt rauchfrei geworden. Ein Trend, der durchaus positiv für uns und unsere Gesundheit ausfällt. Schließlich stellt auch Passivrauchen eine Gefährdung dar, die nicht zu unterschätzen ist.

Springen Sie also auf den Rauchfrei-Zug auf und tun Sie sich selbst etwas Gutes. Der richtige Zeitpunkt ist jetzt!

2-6
I TELL YOU WHAT I WANT, WHAT I REALLY REALLY WANT

Sicherlich kennen Sie die Aussage, dass Rentner niemals Zeit haben, oder? Immer, wenn man Menschen im Ruhestand spontan besuchen möchte, sind sie nicht zu Hause. Das liegt daran, dass Ruheständler sich ihren Tag so gestalten, wie es für sie gerade passt.

Es gibt jedoch auch Ruheständler, die sich mit Aufgaben und Beschäftigungen übernehmen. Das führt dazu, dass sogenannter Freizeitstress ausbricht, dabei wollten sie doch gerade jetzt alles entspannt und mit Ruhe und Gelassenheit angehen. Es ist daher wichtig, dass Sie als Ruheständler auf sich selbst Acht geben.

Beachten Sie Ihre eigenen Bedürfnisse und denken Sie auch mal an sich selbst. Sie haben es sich verdient! Viele Ruheständler sind nur darauf aus, es den eigenen Kindern recht zu machen oder für die Enkelkinder da zu sein. Dabei sollen Sie sich selbst auch nicht aufgeben, sondern viel mehr für sich selbst und Ihre Bedürfnisse einstehen. Schließlich haben Sie viele lange Jahre hart darauf hingearbeitet, wo Sie heute sind und dürfen diesen Lebensabschnitt genauso auskosten und gestalten, wie Sie sich das vorstellen.

Natürlich ist es schön, seine Zeit auch der Familie zu widmen und mit den Enkelkindern umherzutollen, zu spielen und ihnen neue Dinge beizubringen. Das dürfen und sollen Sie gerne weiterhin tun. Aber vergessen Sie nicht, auch mal „Stopp" zu sagen, wenn es für Sie einmal nicht so gut passt und Sie sich vielleicht lieber ausruhen möchten. Das ist Ihr gutes Recht. Es wird Ihnen niemand böse sein, wenn Sie sich von Zeit zu Zeit mal zurückziehen und Ihr eigenes Ding machen.

Auch wenn es manchmal schwerfällt, jemandem eine Absage zu erteilen oder einfach mal „Nein" zu sagen, ist das besonders wichtig für Sie im Ruhestand. Sie sollen schließlich Ihre Zeit genießen und haben mit der Beendigung Ihres Arbeitsverhältnisses den Verpflichtungen Lebewohl gesagt.

3 „ES GIBT VIEL ZU TUN – PACKEN WIR'S AN!"

Mit dem letzten Arbeitstag lassen Sie einen der größten und zeitintensivsten Lebensabschnitte hinter sich und beginnen nun den wohlverdienten Ruhestand. Es ist jedoch wichtig, dass Sie diesen nicht einfach nur so auf sich zukommen lassen, sondern ihm stattdessen gleich eine gewisse Sinnhaftigkeit geben. Natürlich haben Sie nun genügend Zeit für Entspannung, keine Termine mehr und vor allem keinen Zeitdruck – das darf und soll auch so bleiben. Nichtsdestotrotz ist es wichtig, dass Sie gleich zu Beginn damit anfangen, Ihren Lebensabend sinnvoll zu gestalten und sich Pläne für die Zukunft zu machen. Dadurch fallen Sie zum einen nicht in das bereits besprochene dunkle Loch der Langeweile und können zum anderen mit viel Vorfreude auf Ihren Ruhestand blicken. Schließlich haben Sie schon einige schöne Aktivitäten geplant, für die nun endlich genügend Zeit ist.

In diesem Kapitel zeigen wir Ihnen, wie Sie Ihren Ruhestand am besten angehen und geben Ihnen Tipps für eine sinnvolle Gestaltung dieses besonderen Lebensabschnitts.

3-1
ALLES NEU MACHT DER MAI!

Kennen Sie noch das alte Kinderlied „Alles neu macht der Mai, macht die Seele frisch und frei"? Zwar geht es in diesem Klassiker eigentlich nicht um den Ruhestand, aber die Aussage passt durchaus! Schließlich ist auch der Ruhestand ein neuer Abschnitt, in den man ganz frisch und frei starten sollte. Nach vielen langen Jahren, in denen man tagtäglich auf der Arbeit geschuftet hat, ist man nun frei. Viele Ruheständler haben bereits sehr früh in der Jugend einen Beruf erlernt, den sie ihr ganzes Leben lang ausgeübt haben. Da kann es schon einmal passieren, dass man mit Beginn des Ruhestands in ein großes, tiefes Loch fällt. Dabei ist es so einfach und vor allem auch so wichtig, dass man diesen

Lebensabschnitt als Neustart begreift und sich schöne und sinnvolle Lebensinhalte sucht, um ihn sich so schön wie möglich zu gestalten.

Klar, ein Neuanfang und eine unbekannte Situation sind nicht jedermanns Sache und auch kein Kinderspiel. Wenn Sie sich nicht gerade schon seit einigen Jahren auf den Ruhestand gefreut und ihn herbeigesehnt haben, werden Sie wahrscheinlich erst einmal eine gewisse Zeit brauchen, um sich an diese neue Situation zu gewöhnen. Aber genau wie im Mai auch immer alles neu aufblüht, können Sie mit dem Ruhestand ganz von vorne anfangen, als würden Sie sich auf eine neue Reise begeben. Machen Sie sich einen tollen Plan, wie Sie die gewonnene Zeit am besten nutzen können und genießen Sie es, dass Sie keine beruflichen Verpflichtungen mehr haben.

3-2
THE FUNDAMENTAL THINGS APPLY...

You must remember this
A kiss is still a kiss,
A sigh is just a sigh.
The fundamental things apply
As time goes by.

Ein alter Klassiker, der sicher jedem noch aus dem weltbekannten Film Casablanca bekannt ist. Das ist nicht nur ein toller Song. Er hat auch einfach inhaltlich etwas zu bieten. Schließlich geht es darum, dass die wichtigen Dinge bleiben werden – egal was passiert. Das gilt natürlich auch für den Ruhestand.

Die meisten Menschen sind Gewohnheitstiere. Sie klammern sich an ihre feste Tages- und Wochenstruktur und sind froh, dass alles in den gewohnten Bahnen abläuft. Das ist pure Bequemlichkeit, aber diese ist von unserem Gehirn so gewollt. Schließlich arbeitet es tagtäglich auf Hochtouren und ist daher froh, wenn es sich einmal kurz ausruhen und erholen kann. Bei gewohnten Abläufen und Handlungen kann unser Gehirn nämlich auf einen erlernten Automatismus zurückgreifen – und das ist wirklich Gold wert bei all den neuen Eindrücken, die es sonst tagtäglich sammelt.

Gerade im Ruhestand ist es also wichtig, dass wir uns solche gewohnten Strukturen und gewisse Rituale schaffen. Das wird uns nicht nur glücklich machen, sondern sorgt auch gleichzeitig für ein bisschen Entspannung des Geistes. Na klar, Sie dürfen die beruflichen Verpflichtungen loslassen und müssen nicht mehr jeden Morgen um 06:00 Uhr mit dem Klingeln des Weckers aufstehen. Nichtsdestotrotz kann es hilfreich sein, wenn Sie eine feste Frühstückszeit festlegen. Es muss ja nicht so früh sein, wie es früher einmal war. Aber wenn Sie beispielsweise jeden Tag um 09:00 entspannt frühstücken und vielleicht nebenbei die Zeitung lesen, haben Sie sich schon ein kleines Ritual geschaffen, mit dem Sie gut in den Tag starten können. Wenn wir unserem Tag eine gewisse Struktur geben, ist der Teil unseres Gehirns, der Routine so gern mag, zufrieden, und damit fühlen wir uns auch im Ganzen rundherum wohl.

Auch im Verlaufe des Tages können Sie sich feste Punkte schaffen, die sich täglich wiederholen und dem Tagesablauf Struktur geben. Sei es eine Tasse Kaffee pünktlich zur Mittagszeit oder ein Stück Schokolade bevor das Nachmittagstief um 15:00 Uhr eintritt. Sie können aber auch in der Mittagszeit einen Spaziergang einlegen oder eine Fahrradtour unternehmen. Denn wie Sie ja bereits wissen – regelmäßige Bewegung ist gerade im Ruhestand wichtig. Wieso also nicht Bewegung zu einem festen Bestandteil Ihres Alltages machen und zwei Fliegen mit einer Klappe schlagen?

Im Ruhestand fühlt sich manchmal jeder Tag gleich an. Oft weiß man gar nicht, welcher Tag eigentlich ist und erst die regionale Zeitung oder das Fernsehprogramm erinnern einen daran. Deshalb ist auch eine Wochenstruktur für den Ruhestand enorm wichtig. Schließlich sehnt sich der Mensch nach einer gewissen Struktur und nach Mustern in seinem Alltag – einfach, weil wir das so aus unserem Berufsleben kennen. Wie ärgerlich war es, wenn man montags wieder früh aufstehen musste und wie schön das Gefühl, am Freitag den Arbeitsplatz zu verlassen und zu wissen, dass endlich Wochenende ist?

Sicher denken Sie gerne an einige schöne Wochenenden zurück, an denen Sie eine gute Zeit verbracht haben. Auch im Ruhestand sollten die Wochenenden noch Wochenenden sein – also ein paar Tage mit Belohnungs- und Vorfreude-Charakter. Natürlich ist es ein großartiges Geschenk, dass sich im Ruhestand eigentlich jeder Tag nach Wochenende anfühlt – aber so ein richtiges Wochenende-Gefühl ist doch durch nichts zu ersetzen, oder?

Schaffen Sie sich also ein Wochenende, welches sich von den anderen Wochentagen abhebt. Wie wäre es zum Beispiel mit einem langen und ausgedehnten Sonntagsfrühstück? Oder vielleicht unternehmen Sie am Samstagnachmittag etwas mit Ihren Kindern oder Enkelkindern – schließlich haben diese sonst unter der Woche vormittags meist keine Zeit. Machen Sie einen Ausflug ins Grüne oder gehen Sie mal wieder ins Kino. Es gibt genügend Möglichkeiten, um sich das Wochenende ein bisschen besonderer zu gestalten. Zum Beispiel durch einen Abend mit Freunden? Vielleicht gibt es ja einige, die noch nicht zu den glücklichen Ruheständlern gehören und daher froh sind, wenn sie den Tag danach ausschlafen können, bevor es wieder zur Arbeit geht.

3-3
WE WANT TO BREAK FREE!

Wie oft haben Sie sich in der Vergangenheit bereits gewünscht, dass Sie einfach nur frei sind? Frei von Verantwortung, frei von Verpflichtungen und von allem, was Sie stresst und unglücklich macht.

Jetzt sind Sie es! Mit dem Ruhestand beginnt eine Zeit, in der wir frei sind von strengen Stundenplänen und harschen Jobanforderungen. Endlich haben wir Zeit für uns selbst und all die Dinge, die sonst auf der Strecke geblieben sind. Wir sind frei! Wir können selbst entscheiden, welche Dinge wir unternehmen wollen und dabei ist eins ganz wichtig – der Spaß sollte nicht zu kurz kommen! Machen Sie sich Ihren Ruhestand ganz genau so, wie er Ihnen gefällt. Im weiteren Verlauf des Buches haben wir einige Ideen und Tipps für Sie zusammengestellt, wie Sie diese Freiheit perfekt ausnutzen können.

3-4
MONEY, MONEY, MONEY, ALWAYS SUNNY?

So schön die gewonnene Freizeit auch ist, so viel mehr Geld benötigt man auch für die ganzen Aktivitäten, die einem vorschweben und die man gerne umsetzen würde. In der Rente kommt für einige auch eine Zeit der knappen Finanzen. Natürlich fließt noch jeden Monat Geld auf das Konto, aber bei vielen ist das lange nicht mehr so viel wie während der Arbeitszeit. Dem entgegen steht natürlich aber auch die viele Freizeit, die man sonst gar nicht hatte – und je mehr Freizeit, desto mehr Geld gibt man gegebenenfalls auch aus.

Wenn wirklich Ebbe im Portemonnaie herrscht, kann das die Freude an der neuen Freiheit natürlich beeinträchtigen. Wir haben daher in Kapitel 5 einige Möglichkeiten für Sie gesammelt, wie Sie sich ein paar Euro für den Ruhestand dazuverdienen können.

Hierbei ist es jedoch wichtig, dass Sie sich vorher informieren, wie viel Sie überhaupt hinzuverdienen dürfen. Melden Sie auf jeden Fall jede Beschäftigung im Voraus bei Ihrem Rentenversicherungsträger und lassen Sie sich beraten, wie sich der Zuverdienst auf Ihre Rente auswirkt. Damit Sie schon einmal erste Zahlen gehört haben, haben wir die wichtigsten Grenzen für Sie zusammengestellt:

Bis Sie die sogenannte Regelaltersgrenze erreicht haben, dürfen Sie pro Kalenderjahr maximal 6.300 Euro hinzuverdienen, ohne dass sich Ihre Rente verringert. Sollten Sie mit Ihrem Einkommen diesen Freibetrag übersteigen, wird für die Anrechnung an die Rente nur der darüberhinausgehende Betrag berücksichtigt.

Außerdem müssen Sie auf Ihre individuelle Höchstgrenze für den Zuverdienst achten – den sogenannten Hinzuverdienstdeckel. Dieser wird anhand Ihres höchsten Einkommens in den letzten 15 Jahren vor dem Eintritt in die Rente berechnet.

Wenn Sie die Regelaltersgrenze bereits erreicht haben, können Sie Ihren Zuverdienst komplett behalten. Die Regelaltersgrenze liegt für alle Ruheständler aus dem Jahr 2020 bei 65 Jahren und neun Monaten und wird bis zum Jahr 2029 schrittweise auf 67 Jahre aufgestockt.

Aber auch als Rentner müssen Sie gegebenenfalls Steuern zahlen. Das hängt mit dem Umfang Ihrer Beschäftigung zusammen und mit dem dazugehörigen Verdienst. Wenn Sie nur einer geringfügigen Beschäftigung nachgehen und demnach nicht mehr als 450 Euro monatlich verdienen, müssen Sie keine steuerlichen Abgaben leisten. Wenn Sie diese Grenze überschreiten, müssen Sie, wie jeder andere Erwerbstätige auch, weiterhin Steuern zahlen – die Einkommensteuerpflicht. Allerdings sieht der Gesetzgeber hier einen Freibetrag vor, welcher als Altersentlastungsbetrag oder Rentenfreibetrag bezeichnet wird. Als Ruheständler ordnet das Finanzamt Sie der Steuerklasse 6 zu – die Steuerklasse, in der Sie die meisten Abzüge zu zahlen haben. Das lässt sich leider nicht umgehen, da diese Steuerklasse für alle Nebenbeschäftigungen gilt.

Sie haben Lust bekommen, sich etwas zu Ihrer Rente dazuzuverdienen? Dann schauen Sie doch gleich einmal in Kapitel 5 vorbei und lassen sich von den verschiedenen möglichen Tätigkeiten inspirieren.

4 RAN AN DEN SPECK – ES GIBT NICHTS GUTES, AUSSER MAN TUT ES!

DIE BESTEN TIPPS ZUR GESTALTUNG DER NEU GEWONNENEN FREIZEIT

„Das mache ich dann im Ruhestand, wenn ich genug Zeit habe!" – Na, kennen Sie diesen Spruch und haben ihn vielleicht in der Vergangenheit bereits selbst oft genutzt? Oft nimmt man sich während des aktiven Berufslebens viele verschiedene Dinge für den Ruhestand vor und wenn es dann endlich so weit ist, hat man alles vergessen, was man eigentlich machen wollte. Damit Sie nicht in der Luft hängen und nicht wissen, was Sie mit Ihrer gewonnenen Zeit anfangen sollen, haben wir in diesem Kapitel viele konkrete Tipps und Ideen, um Ihren Ruhestand zu gestalten. Vielleicht klingelt bei der ein oder anderen Empfehlung ja auch etwas und Sie erinnern sich an einen lange gehegten Traum.

4-1
YOU GOTTA MOVE – AKTIVITÄTEN FÜR KÖRPER, GEIST UND SEELE

„Sich regen bringt Segen" - an jedem Sprichwort ist auch etwas Wahres dran. Gerade im Ruhestand ist körperliche Aktivität wichtig, um möglichst lange gesund und munter zu bleiben. Abgesehen vom Gesunderhaltungszweck soll Sport natürlich auch Spaß machen und Freude bringen. Daher haben wir viele verschiedene Aktivitäten für Sie aufgeführt, die auch im Alter noch gut geeignet sind für eine gepflegte Sporteinheit. Wenn Sie bereits im Berufsleben viel Sport getrieben haben, können und sollten Sie diese Sportart natürlich auch im Ruhestand weiter betreiben und Spaß daran haben. Wenn Sie im Berufsleben zu eingespannt waren um viel Sport zu treiben, können Sie sich jetzt was Passendes suchen. Natürlich ist das im Alter nicht mehr so einfach, wie mit 25 Jahren. Bestimmte Sportarten, die Ihre Gelenke stark beanspruchen oder ein großes Fall- und Stolperrisiko mit sich bringen, sind eher weniger geeignet. Zumindest, wenn Sie diese neu erlernen möchten. Das soll Sie aber nicht abschrecken - ganz im Gegenteil. Es gibt eine Vielzahl an Sportarten, die sich super für den Ruhestand eignen und dabei auch noch eine Menge Spaß machen. Wir haben eine Auswahl für Sie zusammengestellt.

4-1-1
I WANT TO RIDE MY BICYCLE

Fahrradfahren ist gesund und preiswert. Sie brauchen nichts weiter als Ihren guten, alten Drahtesel und können direkt mit der Fahrradtour starten. Nicht nur die Bewegung ist ein großes Vergnügen, auch die Tatsache, dass Sie sich an der frischen Luft befinden ist ein positiver Nebeneffekt. Mit dem Fahrrad sind wir aktiv in der Natur unterwegs und können uns sogar noch für unsere ökologische Lebensweise auf die Schulter klopfen. Wer statt das Auto zu nehmen öfter mal zum Fahrrad greift, tut schließlich auch der Umwelt etwas Gutes.

4-1-2
SCHWIMMRINGE

Schwimmringe auf der Taille oder Schwimmen um 7? Schwimmen ist vor allem im Alter ein sehr gesunder Sport. Im Wasser fühlt man sich schwerelos und bewegt sich voll und ganz gelenkschonend. Im Ruhestand haben Sie außerdem einen ganz großen Vorteil: Sie können das Schwimmbad zu Zeiten aufsuchen, in denen die restliche Bevölkerung noch auf der Arbeit ist. So haben Sie mehr Platz im Wasser und können ganz ungestört Ihre Bahnen ziehen.

4-1-3
WASSERWERK

Den positiven Effekt vom Wasser auf die Gelenke haben wir gerade schon beim Schwimmen genannt. Es gibt aber noch viele weitere Aktivitäten im Wasser, die nicht nur Spaß machen, sondern auch richtig gut für die Gesundheit sind. Versuchen Sie es doch mal mit Wassergymnastik. Wenn Sie mögen, können Sie einer passenden Gruppe Ihres örtlichen Schwimmbades beitreten und so gleich noch einige neue Kontakte knüpfen. Trainieren Sie spielerisch leicht den ganzen Körper und genießen Sie das kühle Nass.

4-1-4
LAUF, JUNGE, LAUF...

Sie haben bisher immer nur zugesehen, wie die Menschen durch die Parks laufen und mit sich und der Welt so zufrieden scheinen? Laufen bzw. Joggen kann wahre Wunder bewirken und ist ein echter Stresskiller. Das Beste am Joggen ist jedoch, dass man keine große Ausstattung braucht – einfach die Turnschuhe an und Loslaufen. Sie werden sehen, wie schnell sich Ihr Kopf entspannt und die Gedanken loslässt. Laufen ist ein tolles Ganzkörpertraining und dazu noch vollkommen kostenlos. In vielen Städten gibt es auch sogenannte Lauftreffs, denen Sie sich anschließen können. So können Sie gemeinsam eine neue Sportart ausprobieren und sich mit Gleichgesinnten austauschen.

4-1-5
18 LOCH UND MEHR

Golf spielen ist nur was für Snobs? Das ist schon lange nicht mehr so. Nachdem man die Platzreife erlangt hat, kann man auf jedem Golfplatz spielen und sein Glück mit dem Schläger versuchen. Beim Golfen lernen Sie viele neue Leute kennen und bewegen sich dabei noch an der frischen Luft. Eine klassische Win-Win Situation also. Wenn Sie dann erstmal die 18 Löcher auf dem Platz geschafft haben, können Sie mit dem 19. Loch weitermachen. Moment, 19 Löcher? Ja, Sie haben richtig gehört. So nennen die erfahrenen Golfer scherzhaft das Clubhaus, in das man nach einem Spiel einkehrt, um das ein oder andere Kaltgetränk zu sich zu nehmen.

4-1-6
AUF SCHUSTERS RAPPEN

Sie lieben die Natur und sind gut zu Fuß unterwegs? Dann ist Wandern vielleicht die richtige Sportart für Sie. In Deutschland gibt es eine Vielzahl an tollen Wanderwegen, die es zu entdecken gilt. Ein wirklich preiswerter Sport an der frischen Luft, der Körper und Seele guttut.

4-1-7
ABENTEUER, UNGEHEUER?

Es darf ein bisschen mehr Action sein? Wenn es eine Sportart gibt, die Sie schon immer lernen wollten, aber bisher haben Sie sich nicht getraut, dann ist es jetzt vielleicht die Gelegenheit. Wann sonst, wenn nicht jetzt? Natürlich gibt es auch Sportarten, die nicht mehr so gut geeignet sind wie beispielsweise solche, bei denen man sich schnell etwas brechen kann. Aber es gibt auch unzählige Sportarten, die Sie gerade jetzt mit mehr Zeit angehen können.
Also stürzen Sie sich zum Beispiel in das Abenteuer Scuba Diving – vielleicht bietet Ihr heimisches Schwimmbad oder ein Tauchclub in Ihrer Nähe ja Kurse an? Ansonsten können Sie auch einen Urlaub nutzen, um diese Sportart besser

kennenzulernen und sich in die Unterwasserwelt zu stürzen. Oder wie wäre es mit Wind Surfing, Fallschirmspringen oder Klettern, Segeln... Sie sehen schon, die Möglichkeiten sind grenzenlos.

4-1-8
A COCONUT A DAY KEEPS THE DOCTOR AWAY

„Sweet dreams are made of this. Who am I to disagree? I travel the world and the seven seas." Reisen macht einfach glücklich und gerade jetzt haben Sie die Freiheit und die Zeit dazu. Sie sind nicht mehr an die Ferien gebunden und müssen keine Absprachen mehr mit den Kollegen treffen.

Natürlich braucht es für eine große Reise auch den passenden Geldbeutel. Sollte Ihre Rente für die gewünschte Reise nicht ausreichen, haben wir im nächsten Kapitel einige Ideen zusammengestellt, wie Sie auch während des Ruhestands einen kleinen Notgroschen ansparen können. Außerdem haben Sie im Ruhestand natürlich die Möglichkeit von günstigen Angeboten zu profitieren - egal ob ein günstiges Last Minute Angebot oder eine Langzeitreise mit entsprechendem Rabatt. Sie haben schließlich die Zeit und keine Verpflichtungen! Nutzen Sie also die preiswerten Angebote der Fluggesellschaften und Hotels aus und fliegen Sie genau dann in den Urlaub, wenn es gerade günstig ist.

Vielleicht entdecken Sie auch das Camping wieder für sich? Früher ist man oft mit dem Zelt unter dem Arm in die Natur rausgefahren und hat sich ein schönes Wochenende gemacht - preisgünstig, unkompliziert und naturverbunden. Auch heute noch kann das Camping eine tolle Alternative zu einer teuren Flugreise sein - schließlich gibt es auch in der Nähe schöne Orte, die es sich anzusehen lohnt. Wenn Sie es ein bisschen komfortabler bevorzugen, können Sie natürlich auch das Zelt auf dem Dachboden liegen lassen und sich ein Wohnmobil mieten. So können Sie die Freiheit des Campings voll und ganz genießen und profitieren vom vollen Komfort einer richtigen Matratze ohne dabei etwas von der ursprünglichen Nähe zur Natur zu verlieren.

4-1-9
HEIMATKUNDE ÖFFENTLICH

In den 60iger Jahren zählte Heimatkunde noch zu den Schulfächern und jeder kannte sich in seinem Heimatland gut aus. Warum nicht jetzt dieses alte Wissen wieder auffrischen? Schließlich haben Deutschland, Österreich und die Schweiz viele tolle Ecken zu bieten. Schnappen Sie sich vielleicht gute Freunde oder den Partner oder die Partnerin und steigen Sie ein in die öffentlichen Verkehrsmittel dieser Welt. Sie werden überrascht sein, was für tolle Erlebnisse auf Sie warten.

4-1-10
HEIMATKUNDE ADVANCED EDITION

Sie wollen nicht nur oberflächliche Informationen, sondern so richtig tief in die Geschichte Ihrer Stadt oder Ihres Landkreises eintauchen? Dann erkunden Sie diesen doch ganz entspannt zu Fuß oder mit dem Fahrrad. Nehmen Sie sich für jeden Tag oder für jedes Wochenende eine neue Ecke vor und entdecken Sie Ihre Heimat noch einmal komplett neu.

4-1-11
SENIOR EXPERTE

Sie können noch nicht so ganz vom Berufsleben Abstand gewinnen und würden gerne weiterhin Ihr Wissen einbringen? Dann ist der Job als Senior Experte vielleicht der richtige für Sie. Die Organisation Senior Experten Service (SES) bringt Fach- und Führungskräfte weltweit zusammen, denn die Organisation hat erkannt, wie viel Potential und Wissen in ehemaligen Mitarbeitern steckt. Sie bindet die Ruheständler wieder aktiv in die Gesellschaft ein und ermöglicht die Weitergabe von Wissen und Erfahrungen. Dabei begreift sie den demografischen Wandel als Chance und fördern den Zusammenhalt der Menschen. Die Organisation SES ist also eine tolle Möglichkeit, wenn Sie noch nicht ganz mit dem Berufsalltag abschließen möchten und bereit sind, Ihr jahrelanges Fachwissen an die nächste Generation weiterzugeben. Falls Ihr Interesse geweckt ist, können Sie sich direkt auf der Homepage der SES weitere Informationen beschaffen und dort Kontakt aufnehmen.

4-2 NEUE HOBBYS BRAUCHT DAS LAND

Hobbys sind das beste Mittel gegen Langeweile im Ruhestand. Wer vor der Rente schon eine bestimmte Freizeitbeschäftigung ausgeübt hat, findet jetzt die notwendige Zeit, um diese weiter auszubauen. Falls Sie bisher noch keine passende Leidenschaft für sich entdeckt haben, ist nun der ideale Zeitpunkt, um intensiver auf die Suche zu gehen. Schließlich ist ein Hobby ein idealer Zeitvertreib – eine interessante Tätigkeit, die einen ausfüllt und Spaß macht. Außerdem regt eine passende Beschäftigung den Geist an und eventuell tut man (natürlich je nach Art) sogar noch seinem Körper etwas Gutes. Ein weiterer Pluspunkt ist, dass man mit einem Hobby auch noch neue Menschen kennenlernen kann. Eine gemeinsame Tätigkeit verbindet und man hat sofort ein Gesprächsthema.

Damit auch Sie eine passende Freizeitbeschäftigung für Ihren Ruhestand finden, haben wir einige spannende Aktivitäten für Sie aufgelistet.

4-2-1 SCHLEMMERSTUNDE

Sie kochen und essen gerne? Wieso machen Sie nicht einen Kochkurs? Dort treffen Sie auf Gleichgesinnte und können Ihrer Leidenschaft für gutes Essen nachgehen. Ganz egal, ob Sie diesen Kurs alleine oder mit einem Partner absolvieren, eines ist sicher: Es wird Ihnen Spaß machen! Kochkurse bieten sich auch wunderbar als Aktivität im Urlaub an – so lernen Sie direkt die kulinarischen Feinheiten des Urlaubslandes kennen und können leckere Rezepte als Andenken mit nach Hause nehmen.

Neben einem Kochkurs können Sie sich natürlich auch einfach mit guten Freunden oder ehemaligen Kollegen zu einem netten Dinnerabend verabreden. Entweder Sie kochen alle gemeinsam oder bekochen sich abwechselnd gegenseitig. Essen verbindet schließlich und Sie werden ganz bestimmt einige nette Abende verbringen. Vielleicht entdecken Sie dabei sogar ein paar neue Rezepte oder Zutaten für sich, die vorher noch keinen Platz in Ihrer alltäglichen Küche hatten. Man lernt schließlich immer wieder was dazu.

4-2-2
PERFEKTES DINNER & CO

Eine andere Variante des Kochabends unter Freunden ist das „Perfekte Dinner". Sicher kennen Sie die Sendung aus dem Fernsehen – warum also nicht einfach mal nachahmen und selbst ein perfektes Dinner veranstalten? Verabreden Sie sich mit lieben Freunden und jeden Abend (Sie können dies natürlich auch über mehrere Wochenenden verteilen) zaubert jemand anderes ein köstliches 3-Gänge-Menü. Am Ende des Abends vergeben Sie dann Punkte und ermitteln so den Gewinner. Vielleicht fällt Ihnen ja sogar ein kleiner Preis ein, um den Sie gemeinsam kochen können. Schließlich macht so ein Wettbewerb mit einem kleinen Anreiz noch ein bisschen mehr Spaß. Sie können den Gewinner beispielsweise das nächste Mal in ein schickes Restaurant oder ins Kino einladen. Ihnen fällt bestimmt etwas Schönes ein.

4-2-3
BACKE, BACKE,...

Kochen ist nicht so Ihr Ding? Dann versuchen Sie es doch mit dem Backen, denn auch das ist ein schöner Zeitvertreib und kann viel Freude bringen. Ganz egal, ob Sie es lieber herzhaft oder süß mögen – beim Backen können Sie Ihrer Kreativität freien Lauf lassen und ganz nach Ihrem Geschmack etwas Leckeres zaubern.

Wenn Sie fast jeden Tag in der Küche verbringen und Ihrem neuen Hobby frönen, werden Sie über kurz oder lang vielleicht genug vom Essen Ihrer Werke haben. Aber genau das ist auch das Besondere am Backen: Gebäck (egal ob herzhaft oder süß) eignet sich wunderbar zum Verschenken! Machen Sie also Ihren Freunden, Verwandten oder ehemaligen Kollegen eine Freude und verteilen Ihre Leckereien. Wenn Sie erst einmal richtig gut im Backen geworden sind, können Sie sich auch überlegen, ob Sie Ihre Meisterwerke nicht vielleicht sogar verkaufen möchten. So bessern Sie sich Ihre Rente auf und verdienen ein bisschen Geld dazu – und das mit etwas, was Ihnen große Freude bereitet. Super, oder?
Eine weitere Möglichkeit für den Verbleib der Backwaren ist

das Verteilen an lokale Tafeln oder andere soziale Organisationen. Es gibt leider immer noch viel zu viele Menschen, die am Rande der Armut leben und froh sind über sämtliche Lebensmittel, die ihren Hunger stillen und Ihnen ein kleines Lächeln ins Gesicht zaubern.

4-2-4
AM HAKEN

Sie sind gerne draußen an der frischen Luft und genießen die Ruhe der Natur? Dann ist Angeln vielleicht das richtige Hobby für Sie. Falls Sie noch nicht angeln können, ist nun der richtige Zeitpunkt, dies zu lernen. Es gibt verschiedene Möglichkeiten, sich über das Angeln zu informieren und sich als Angler ausbilden zu lassen. Fragen Sie doch einfach mal bei Ihrem örtlichen Angelverein nach – sicherlich wird Ihnen dort gerne geholfen. Auch hier gibt es den schönen Nebeneffekt, dass Sie neue Bekanntschaften schließen und sich mit den unterschiedlichsten Menschen austauschen können. Aber auch wenn Sie lieber für sich alleine sind, können Sie mit einem entsprechenden Angelschein an einen ausgewählten Teich gehen und dort Ihren Platz aufschlagen. Verbringen Sie den Tag entspannt in Ihrem Angelstuhl, genießen die Ruhe und gehen Sie auf die Jagd nach den dicksten Fischen. Wenn Sie geduldig genug sind, beißt bestimmt auch einer an und Sie haben ein schönes Erfolgserlebnis.

4-2-5
INS SCHWARZE GETROFFEN

Sie sind lieber unter Leuten und genießen die Atmosphäre in Vereinen oder vielleicht sogar in der Kneipe? Dann fangen Sie doch mit Billard oder Dart an. Beide Sportarten bieten Gelegenheit, sich die Zeit zu vertreiben und mit neuen Leuten in Kontakt zu kommen. Vielleicht gibt es in Ihrer Nähe ja bereits einen Dart-Verein, dem Sie sich anschließen können. Gemeinsam macht das Werfen der Pfeile auf die Scheibe nämlich doppelt so viel Spaß wie daheim alleine im Garten. Auch beim Billard kommt man schnell ins Gespräch - schließlich wird hier auch immer ein Gegenspieler gebraucht. Einige Pubs und Kneipen haben Billard Tische, an denen gegen eine geringe Gebühr die Kugeln eingelocht werden können. Aber passen Sie auf, dass Sie die schwarze 8 nicht zu schnell versenken. Denn dann ist das Spiel schneller vorbei als Sie gucken können.

4-2-6
KUNSTVOLL

Sie haben eine kreative Ader und konnten diese bisher noch nicht wirklich ausleben? Während des Berufslebens steht man oft unter Strom und findet keine Zeit dafür, wirklich kreativ zu sein. Die beste Zeit ist deshalb jetzt!

Ganz egal, ob Sie einen Malkurs besuchen möchten oder zum Töpferkurs in die Toskana aufbrechen - Sie haben die Wahl! Sie können nun einfach das machen, was Ihnen gefällt und worauf Sie Lust haben. Vielleicht liegt Ihnen das Bildhauen oder Sie möchten lernen, wie man mit Acrylfarbe malt? Sicher gibt es in Ihrer Nähe einen passenden Kurs, den Sie besuchen können. Manchmal braucht es für Kreativität aber auch gar keine Anleitung. Setzen Sie sich einfach an Ihren Lieblingsplatz, schnappen sich die passenden Utensilien für Ihre Kunst und lassen Sie Ihrer Kreativität freien Lauf. Sie werden begeistert sein, was alles aus Ihrem Kopf heraussprudelt, nun da Sie im Ruhestand sind. Schließlich haben Sie nicht mehr den alltäglichen Termindruck im Nacken, sondern können sich voll und ganz auf Ihre Kunst konzentrieren. Die vollendeten Werke können Sie dann als Dekoration für Ihre vier Wände nutzen oder auch verschenken und einem lieben Menschen damit eine Freude bereiten.

Es gibt natürlich nicht nur diese Art der Kunst. Sie können auch einen Fotografie Kurs besuchen und sich näher mit Ihrer Kamera auseinandersetzen. Bei der Fotografie gibt es viele tolle Tipps und Tricks, um Motive noch mehr strahlen zu lassen und alles ins richtige Licht zu rücken. Bevor Sie sich echtes Profi-Wissen aneignen, können Sie sich aber auch einfach Ihre Kamera schnappen und drauflos knipsen. Sicherlich können Sie auch in Ihrer Umgebung einige schöne Fotospots ausfindig machen, die es sich festzuhalten lohnt.

4-2-7
LET'S TWIST AGAIN

Sie haben Lust, mal wieder das Tanzbein zu schwingen und ein bisschen Bewegung in Ihren Alltag zu integrieren? Super, so schlagen Sie gleich zwei Fliegen mit einer Klappe. Bewegung tut nicht nur gut, sondern macht auch einfach eine Menge Spaß. Oftmals sind die Veranstaltungen zum Tanzen im Ruhestand eher rar gesät. Also wieso belegen Sie nicht einfach einen Tanzkurs? Sie haben die freie Wahl zwischen einem klassischen Standard-Kurs und zahlreichen anderen Kursen.

Wie wäre es zum Beispiel mit einem Kurs zu den Hits aus den 70ern und 80ern? Entdecken Sie die Renner aus der Jugend nochmal neu und lernen Sie die passenden Schritte, um auf dem nächsten Event alle ins Staunen zu versetzen. So eine gute Figur haben Sie auf dem Parkett sicher noch nie gemacht. Neben einem Tanzkurs zu Hause können Sie natürlich auch im Urlaub einen besonderen Tanzkurs belegen. Lassen Sie beim Bauchtanz Ihre Hüften kreisen oder schwingen Sie Ihren Körper zu heißen Salsaklängen am Strand. Machen Sie einfach genau das, was Sie glücklich macht.

4-2-8
NOTENSPIEL

Wo wir schon bei musikalischen Aktivitäten sind - Versuchen Sie es doch mal mit einem Instrument. Vielleicht spielen Sie ja sogar schon eins und haben nun endlich genug Zeit, um sie in Ihr Spiel zu intensivieren. Wenn Sie noch keines spielen, ist jetzt genau der richtige Zeitpunkt um eine neue Musikart kennen und spielen zu lernen. Das Spielen eines Instruments ist nicht nur ein schönes Hobby, sondern fördert auch den Geist. Schließlich müssen Sie erst einmal einiges an Wissen erlangen, bevor Sie sich dem Spielen widmen. Natürlich können Sie auch einfach nur drauflos spielen - vielleicht steckt ja ein heimliches Musik-Genie in Ihnen - aber wenn Sie das Instrument wirklich beherrschen wollen, müssen Sie zuerst einmal Noten lesen können.

Es gibt mittlerweile unzählige Videos im Internet, mit denen Sie sich sämtliche Arten selbst beibringen können. Ganz egal, ob Sie lieber Geige, Gitarre, Saxophon oder vielleicht Klavier lernen möchten - für jedes Instrument gibt es einen passenden Clip, der Ihnen die Technik näherbringt. Natürlich können Sie auch zu einer Musikschule in Ihrer Nähe gehen und sich von einem echten Musiklehrer alles zeigen lassen. Im persönlichen Kontakt lernen Sie sicher noch ein paar mehr Tricks und Kniffe als beim Online-Unterricht.

4-2-9
HOLLERI DU DÖDL DI!

Sicherlich kennen Sie das „Jodeldiplom" aus Loriot und können den Sketch fast auswendig mitsprechen. Schließlich ist das ein echter Klassiker, der den meisten in unserem Alter ein Begriff ist. Falls Sie zu den wenigen Menschen gehören, die noch nichts von Loriots Jodeldiplom gehört haben - schauen Sie es sich auf jeden Fall an! Sie werden es nicht bereuen.

In dem Sketch ist dies natürlich als großer Spaß ausgelegt, aber wieso es nicht auch in der Realität wirklich mal ausprobieren? Schließlich ist Jodeln eine faszinierende Art des Gesangs und ein Hobby, was ganz bestimmt nicht jeder hat. Wenn Ihr Interesse geweckt ist, probieren Sie den Spaß doch einfach mal aus. Sicherlich gibt es auch hierzu einige spaßige Online-Anleitungen. Ansonsten findet sich vielleicht auch an Ihrer Volkshochschule ein passender Kurs, bei dem Sie sogar noch neue Leute kennenlernen können. Zusammen macht Jodeln schließlich noch mehr Spaß. Vor allem in der Anfangsphase, wenn alle das Jodeln noch nicht beherrschen, gibt es eine riesige Gaudi, die allen Spaß machen und Freude bringen wird.

4-2-10
FARBENFROH

Das Thema Handarbeit ist Ihnen sicherlich nicht fremd. Sicher haben Sie schon mal vom Nähen und Sticken gehört. Aber kennen Sie Quilten? Falls nicht, haben wir hier eine farbenfrohe neue Beschäftigung für Sie, mit der Sie Ihr Leben ein bisschen bunter gestalten können.

Der Begriff „Quilt" kommt aus dem Englischen und bedeutet so viel wie Steppdecke – also eine vielseitig einsetzbare Tagesdecke. In der Regel besteht eine solche Decke aus drei Teilen: Der schönen und attraktiv gestalteten Oberseite (auch Schauseite genannt), der wärmenden Zwischenlage aus Wolle oder Vlies und der Unterseite, welche meistens aus einer durchgängigen Stoffbahn besteht.

Die Verbindung dieser drei Lagen erfolgt mit Hilfe einer Nähmaschine und hier sind der Kreativität keinerlei Grenzen gesetzt. Es können viele verschiedene bunte Stoffe zu einer sogenannten „Patchwork"-Decke zusammengefasst werden und mit dekorativen Stichen versehen werden. Ganz bestimmt haben Sie eine solche Decke schon einmal irgendwo gesehen – insbesondere als Krabbeldecken für Babys oder im Outdoor-Bereich sind sie sehr beliebt.

Das Schöne an einem solchen Hobby ist, das man am Ende ein Resultat hat, welches man deutlich sehen und anfassen kann. Man erkennt, wofür man seine Zeit investiert hat und kann sich an dem schönen Stück erfreuen. Die Decken eignen sich auch wunderbar als Geschenk – vielleicht möchten Sie Ihrem Enkelkind ja eine schöne Krabbeldecke quilten? Versuchen Sie es doch einfach mal oder lassen sich von erfahrenen Quiltern im Prozess begleiten.

4-2-11 HOPFEN UND MALZ, GOTT ERHALTS!

Sie trinken gerne mal ein Glas Bier und möchten dafür aber nicht ständig in die Kneipe rennen müssen? Dann probieren Sie es doch mal mit Ihrem eigenen Bier zu Hause. Es gibt mittlerweile unendliche Möglichkeiten, sein eigenes Bier zu Hause zu brauen. Entweder Sie besuchen einen ausgiebigen Kurs darüber oder Sie schaffen sich einfach ein kleines Bier-Brau-Kit für zu Hause an. In einem solchen Kit sind alle notwendigen Zutaten und Utensilien bereits enthalten und Sie können mit Hilfe der beiliegenden Anleitung sofort loslegen.

Überraschen Sie Ihre Gäste beim nächsten Besuch mit Ihrem ganz eigenen Bier! Aber aufgepasst – in Deutschland unterliegt jeder Bierbrauer einer Steuerpflicht und muss sein Vorhaben beim zuständigen Zollamt melden. Wenn Sie nur für den eigenen Haushalt brauen und Ihr Bier nicht gewerblich verkaufen, müssen Sie bei maximal 200 Litern im Jahr keine Steuern zahlen. Aber wer weiß, wie gut Ihnen das Bierbrauen gelingt – vielleicht ergibt sich daraus ja auch eine kleine finanzielle Einnahmequelle, aus der Sie etwas für Ihre Rentenkasse schöpfen können.

4-2-12
SAUER MACHT LUSTIG

Fermentieren ist ein Trend, der gerade nicht mehr wegzudenken ist. Jeder redet davon und keiner weiß so richtig, was genau darunter verstanden wird. Dabei ist die Fermentation eine toller Zeitvertreib, der auch noch einen positiven Effekt auf die Gesundheit hat.

Beim Fermentieren von Obst und Gemüse werden bestimmte Bakterien und weitere Mikroorganismen kontrolliert gezüchtet. Diese haben erst einmal einen negativen Ruf, spielen aber eine wichtige Rolle in unserem Körper. Schließlich sind überall in unserem Darm, in unserem Mundraum und auch überall auf der Haut bestimmte Bakterien vorhanden, die unser Immunsystem beeinflussen und eine Auswirkung auf den Stoffwechsel haben.

Beim Fermentieren werden Lebensmittel länger haltbar gemacht – wie bereits damals auf hoher See, als die Seefahrer Weißkohl zu Sauerkraut fermentierten, um der Krankheit Skorbut vorzubeugen. Außerdem ist das Fermentieren eine tolle Möglichkeit, bestimmte Lebensmittel für den Darm besser verdaulich zu machen und die guten Bakterien zu unterstützen.
Aber wie fermentiert man nun eigentlich selbst? Hierzu

braucht es neben den passenden Lebensmitteln und Meersalz vor allem eine große Portion Geduld. Schließlich geschieht die Fermentation nicht von heute auf morgen, sondern ist ein längerer Prozess - perfekt für den Ruhestand, oder? In einem passenden Gefäß, in dem trotz Deckel ein gewisser Luftaustausch stattfinden kann, sammeln Sie das kleingeschnittene Obst oder Gemüse und gießen eine Salzlake darüber. Am besten eignet sich eine Lösung von 20 - 40 Gramm Salz auf einen Liter, damit die Fermentation auch gelingt. Nach ungefähr einer Woche können Sie Gurken, Karotten, Radieschen oder Kohl fermentiert genießen. Sie werden überrascht sein, welche Auswirkung die Fermentation auf den Geschmack hat.

4-2-13 BIENENFLEIßIG

Sie sind fasziniert von der Welt der Tiere - insbesondere haben es Ihnen die Bienen und Blüten angetan? Dann ist das Imkern vielleicht genau das richtige Hobby für Ihren Ruhestand. Schließlich ist der Erhalt der Bienen wichtig für die Natur und den Fortbestand unserer Umwelt.

Aber wie wird man nun überhaupt zum Imker?
Erst einmal ist es wichtig, dass Sie sich der Verantwortung bewusst sein. Ein Bienenvölkchen erfordert sehr viel Arbeit und die Bienen sind auf Ihre Imker angewiesen. Zu bestimmten

Zeiten im Jahr müssen Sie also tätig werden und sich für Ihr Hobby viel Zeit nehmen. Dabei lernt man natürlich ständig dazu und es macht große Freude zu sehen, wie spannend und abwechslungsreich die Arbeit mit den Bienen sein kann.

Um erst einmal ein gewisses Grundwissen zu erlangen, bietet sich eine praktische Ausbildung in Form eines Kurses an. Dort werden alle wichtigen Informationen vermittelt, die zukünftige Imker benötigen. Für das erste Jahr mit den Bienen kann es ratsam sein, einen sogenannten Bienenpaten an Ihrer Seite zu haben – dieser bietet zum einen eine Eins-zu-

Eins Betreuung und steht mit Rat und Tat zur Seite, wenn es mal Fragen oder Probleme geben sollte. Außerdem finden Sie sicherlich im Imkerverein in Ihrer Nähe professionelle Ansprechpartner, die Sie auf dem Weg zu Ihrem neuen Hobby begleiten werden.

Dort finden Sie dann auch Informationen zu den möglichen Standorten eines Bienenstocks sowie Hinweise zu notwendigem Zubehör und Richtlinien, die eingehalten werden müssen.

Wichtig ist vor allem, dass die Haltung der Bienen beim Veterinäramt angezeigt werden muss. Das hat auch für Sie als Halter gewisse Vorteile, da Sie dann über kursierende Bienenkrankheiten in Ihrer Region auf dem Laufenden gehalten werden.

4-2-14
FREILANDSCHACH SPIELEN

Sie sind passionierter Schachspieler, aber wollen nicht immer nur zu Hause auf dem Sofa hocken? Dann versuchen Sie es doch mit einer Runde Freilandschach. In vielen Städten gibt es in größeren Parks oder an anderen belebten Orten häufig große Schachfelder zu finden, an denen Sie eine Partie zocken können.

Schach ist eine gute Art und Weise, seinen Geist fit zu halten. Wenn Sie dann noch an der frischen Luft spielen, tun Sie gleichzeitig Ihrer körperlichen Gesundheit noch etwas Gutes. Außerdem haben Sie so auch wieder die Möglichkeit, neue Menschen kennenzulernen.

Wenn Sie also alleine unterwegs sind, sprechen Sie einfach sympathische Passanten an und fragen diese, ob sie Lust auf eine Partie Schach hätten. So kommen Sie schnell ins Gespräch.

4-2-15 VIVE LA FRANCE

Wussten Sie, dass die Sportarten Boule und Petanque aus Frankreich kommen? Sicherlich kennen Sie das beliebte Spiel auch unter dem Namen Boccia - dabei handelt es sich dann um die italienische Variante. Das Grundprinzip ist aber für alle Versionen gleich:

Bei dieser Kugelsportart geht es um Präzision und Geschick. Sie kann auf fast jedem Untergrund gespielt werden, am besten eignet sich jedoch kurz geschorener Rasen oder Kies. Dabei wirft ein Spieler eine kleine Kugel zu einem bestimmten Punkt in einer Entfernung von 3-6 Metern. Diese Kugel bildet dann das Ziel für die nachfolgenden Runden. Nun versuchen die Spieler, abwechselnd mit ihren eigenen Kugeln so nah wie möglich an die Zielkugel heranzukommen.

Beendet ist das Spiel erst, wenn alle Kugeln gespielt sind und dann wird geschaut, welcher Spieler oder welches Team mit seiner Kugel am nächsten am Ziel dran ist. Diese Kugel gewinnt.

Das Schöne an Boule oder Boccia ist, dass Sie gar nicht viel Zubehör benötigen und auf fast jeder Fläche einfach losspielen können. Ein Boule-Set mit den entsprechenden Kugeln erhalten Sie in jedem größeren Spielwaren- oder Sportfachgeschäft.

Natürlich können Sie diese Aktivität auch mit einem schönen Urlaub in Frankreich oder Italien verbinden. Spielen Sie doch einfach direkt mit den Einheimischen und lassen Sie sich von diesen die Regeln noch einmal genauer erklären.

4-2-16
GOLDRAUSCH

Sie lieben alles, was glänzt und glitzert und träumen von Ihrem eigenen kleinen Goldvorrat, während Sie wie verzaubert an den Schaufenstern der Juwelierfachgeschäfte vorbeilaufen? Dann lernen Sie doch die Tätigkeit des Goldwaschens und begeben sich selbst in eine Welt aus Glanz und Glitzer.

Falls Sie gar nicht wissen, was es mit der hohen Kunst des Goldwaschens auf sich hat, können Sie einfach einen Kurs darüber belegen. Auf www.goldwaschen-deutschland.de finden Sie alle weiteren Informationen.

Sie können Ihren Goldrausch auch direkt mit einem kleinen Urlaub verbinden und sich direkt auf die Suche nach einem passenden Ort für das Goldwaschen begeben. Vielleicht kennen Sie ja auch bereits einen passenden Ort für die Goldwäsche und wollen sich sofort ins Abenteuer stürzen. Auch das ist natürlich erlaubt.

Damit Ihnen dies auch gelingt, können Sie sich vorher im Internet mit einigen Tipps und Tricks informieren.

Auf www.gold.de/goldwaschen lernen Sie alles, was Sie für Ihren Ausflug in den Goldrausch wissen müssen.

4-3
GEHIRNFUTTER UND SEELENNAHRUNG

Wir wissen, wie wichtig die Erhaltung unserer körperlichen Gesundheit ist, und dass wir in Bewegung bleiben. Aber da gilt nicht nur für den Körper. Auch der Geist soll rege gehalten werden, damit man den Ruhestand ausgiebig genießen kann. Denn ein wacher und fitter Geist trägt einen großen Teil zu unserer Lebensqualität bei.

Wer seinen Kopf beschäftigt, hat nicht nur einen gesundheitlichen Vorteil. Schließlich führt regelmäßiges Denken auch dazu, dass wir keine Langeweile verspüren. Nicht nur unser Körper, sondern auch unsere Seele und unser Geist brauchen Futter, damit sie glücklich und zufrieden sind.

In diesem Kapitel haben wir für Sie daher einige Möglichkeiten gesammelt, mit denen Sie Ihren Geist auch im Ruhestand fit halten können. Es gibt natürlich noch viele weitere Möglichkeiten – wenn Sie erst einmal geistig auf Trab sind, kommen diese sicherlich von ganz alleine.

4-3-1
KEIN MUFF AUS 1000 JAHREN

Das Transparent mit dem Aufdruck „Unter den Talaren – Muff von 1000 Jahren" ging in den späten 60er Jahren durch die Presse, als Studenten der Universität Hamburg dieses bei der

Rektoratsübergabe präsentierten. Es galt seitdem als eine der Kernaussagen der deutschen Studentenbewegung. Es kritisiert die NS-Diktatur von 1933 bis 1945. Die damalige Vision eines „1000-jährigens Reichs" hatte laut Aussage der Studenten auch in den späten 60er Jahren immer noch Auswirkungen auf den Alltag der Universitäten - und genau dies wollten die jungen Studenten vermeiden. Schließlich soll die Universität ein Ort sein, an dem man Neues lernt und in die Zukunft blicken kann.

Auch als Ruheständler hat die Universität eine gewisse Attraktivität. Viele Universitäten bieten nämlich ein Studium für Menschen im gesetzteren Alter an - und das mit großem Erfolg. Immer mehr Senioren entscheiden sich bewusst für lebenslanges Lernen oder erfüllen sich ihren Lebenstraum vom Studieren. Die Gründe für die Wahl eines Studiengangs sind ganz vielfältig, haben aber alle ihre Berechtigung.

WAS IST EIN SENIORENSTUDIUM ÜBERHAUPT?

Es gibt viele verschiedene Begriffe, die im Endeffekt alle das Gleiche bezeichnen: Ein Studium für Senioren. Hierbei wird in den meisten Fällen kein Unterschied zwischen den jüngeren und älteren „Semestern" gemacht und die älteren sitzen zwischen den jüngeren Studierenden in der gleichen Vorlesung. Lediglich einige allgemeinbildende Veranstaltungen oder kulturelle Themen werden an die Bedürfnisse der älteren Studierenden angepasst.

FÜR WEN IST DAS SENIORENSTUDIUM GEDACHT?

Für alle, die sich im Ruhestand geistig fit halten wollen und Spaß daran haben, etwas Neues zu lernen. Die meisten Studiengänge können auch ohne Hochschulzugangsberechtigung besucht werden. Durch die Integration in den normalen Uni-Alltag werden Sie in das reguläre Lernprogramm eingebunden und erlernen die gleichen Inhalte wie die jüngeren Studierenden.

Im Seniorenstudium ist man meist nicht dazu verpflichtet, an den Klausuren und Leistungsüberprüfungen teilzunehmen. Einige Universitäten bieten aber auch das an – schließlich ist die Motivation zuzuhören und etwas zu lernen größer, wenn man weiß, dass hin und wieder eine Überprüfung des Leistungsstandes stattfindet. In der Regel fungieren Sie jedoch als Gasthörer, sodass Sie lediglich das Wissen aufsaugen und sich voll und ganz auf die Inhalte konzentrieren können.

Gibt es vielleicht einen bestimmten Studiengang, für den Sie sich schon lange interessieren? Ganz egal, ob Sie mehr über Architektur oder Flugzeugbau lernen möchten – sicherlich finden Sie den passenden Studiengang zu Ihren Interessen. Probieren Sie es doch einfach mal aus.

4-3-2 BABEL FISH GESUCHT?

Wann waren Sie zuletzt auf Reisen in fernen Ländern? Der Reiz am Reisen liegt darin, unterschiedliche Landschaften und Kulturen zu entdecken. Aber wenn man die Sprache nicht versteht, gehen einem viele wichtige Informationen verloren und man bekommt gar keinen richtigen Einblick ins Urlaubsland. Super wäre es, wenn man einen kleinen Knopf im Ohr hätte, der simultan alles übersetzt, was man vor Ort hört und liest. Aber leider ist dies nicht so einfach umsetzbar.

Wieso lernen Sie also nicht selbst die Sprache des Urlaubslandes? Vielleicht haben Sie ja sogar ein Lieblingsland, in welches Sie gerne öfter verreisen – egal ob Griechenland, Portugal, Spanien, Kroatien oder auch weiter entfernte Länder. Wenn Sie zum Beispiel immer wieder von Thailand träumen, lernen Sie doch einfach ein paar Worte Thai! Es gibt so unendlich viele Sprachen auf dieser Welt und alle haben eins gemeinsam: Es braucht eine gewisse Zeit, bis man sie wirklich sprechen und verstehen kann. Und genau diese Zeit haben Sie jetzt im Ruhestand.

Mittlerweile müssen Sie zum Lernen einer Sprache gar keinen teuren Lehrkurs mehr besuchen, sondern können ganz einfach über eine App wie z.B. Duolingo von zu Hause aus die verschiedenen Vokabeln und ihre Aussprache lernen. Wenn Sie sich erstmal einen gewissen Grundwortschatz angeeignet haben, trauen Sie sich auch sicher bald zu sprechen.

Denn Sprache lernt man – wer hätte das gedacht – am besten über das Sprechen. Im nächsten Urlaub können Sie dann bei den Menschen, die Sie vor Ort treffen, richtig punkten, wenn Sie nicht nur „Bitte" und „Danke" in der Landessprache sagen können, sondern vielleicht sogar eine kleine Konversation führen. Spätestens dann werden Sie merken, dass sich Ihre Bemühungen bezahlt gemacht haben. Denn mit der landeseigenen Sprache im Gepäck, werden Sie noch mehr von Ihrem Urlaub mitnehmen können – tolle Erinnerungen und Erlebnisse, die Ihnen ohne Ihre Sprachkenntnisse vielleicht verborgen geblieben wären.

4-3-3
WER WEIß DENN SOWAS?

Sie haben ein gutes Allgemeinwissen und lieben Quizsendungen im Fernsehen? Wieso nehmen Sie dann nicht mal live, in echt und in Farbe an einem Quiz teil? Dafür müssen Sie sich mittlerweile auch gar nicht mehr für eine solche Fernsehshow bewerben, sondern können es ganz bequem bei einem gemütlichen Bier im Pub machen.

Im Pub? Richtig gelesen. Der Trend des sogenannten „Pub Quiz" aus England erlangt auch hier in Deutschland immer mehr Beliebtheit. Während der Corona-Pandemie wurden viele Pub Quizze online abgehalten, aber auch vor Ort gibt es immer wieder nette Abende mit spannenden Fragen. Unter http://pubquiztime.de/pubquiz-kneipenquiz-lokale/ finden Sie eine große Auswahl an verschiedenen Pubs, die ein solches Pub Quiz anbieten. Sie können dort entweder alleine hingehen und sich einer bestehenden Gruppe anschließen oder auch gemeinsam mit Freunden ein solches Quiz besuchen. Das macht nicht nur richtig Spaß, sondern fördert auch gleichzeitig den Geist und man knüpft neue Kontakte.

Die Fragen sind vielseitig und aus den unterschiedlichsten Kategorien. Es geht einfach darum, Ihr Allgemeinwissen zu testen. Egal ob Geschichte, Sport, Kunst oder Kultur – da ist ganz sicher für jeden etwas dabei.

4-3-4
TAGEBUCH DIGITAL

Sie erleben viel in Ihrem Ruhestand und haben viel zu erzählen, zum Beispiel zu einem spannenden neuen Hobby, das Sie sich im letzten Kapitel ausgesucht haben? Super, damit bleiben Sie ganz sicher körperlich und geistig fit. Sicher haben Sie viel zu berichten – sei es über Ihren Alltag als Ruheständler oder über bestimmte Tätigkeiten, die Sie verrichten. Wieso also nicht alles in einem kleinen Tagebuch festhalten?

Sie können dieses sowohl ganz privat mit Stift und Zettel oder aber auch auf Ihrem Computer führen. Es ist doch viel zu schade, die ganzen Geschichten, das Wissen und die Weisheit der vergangenen Jahre nur für sich zu behalten, oder?

Heutzutage gibt es tolle Möglichkeiten, sein Tagebuch auch online zu veröffentlichen: Entweder in Form eines Blogs oder eines Vlogs.

WO LIEGT DA JETZT DER UNTERSCHIED?

Ein Blog ist wie ein handgeschriebenes Tagebuch, das Sie online führen. Auf einer Internetseite, die dann Ihre eigene ist, können Sie alle Erlebnisse und Geschichten aufschreiben. Das Ganze funktioniert eigentlich ganz genauso wie das handschriftliche Tagebuch - jeden Tag können Sie einen oder mehrere Artikel veröffentlichen. Wenn Sie möchten, können Sie auf der Webseite dann noch schöne Bilder zum Artikel hinzufügen und die ganze Seite so gestalten, wie es Ihnen am besten gefällt. Außerdem bietet ein Blog die Möglichkeit, dass die Leser einen Kommentar verfassen - so bekommen Sie direktes Feedback auf Ihre Einträge und können sich mit Interessierten austauschen. Gerade bei einem spezielleren Hobby haben Sie so die Möglichkeit, Menschen aus aller Welt zu erreichen, die sich auch für diese eine besondere Sache begeistern können.

Ein Vlog ist hingegen ein bisschen anders aufgebaut. Hier wird nämlich nicht mit Text gearbeitet, sondern ausschließlich mit Videos. Daher kommt nämlich auch der Begriff Vlog - er steht für Video-Log, also ein Videotagebuch. Hier können Sie also Sequenzen aus Ihrem Alltag filmen, bestimmte Aspekte Ihres Hobbys näher beleuchten oder aber Ihre Urlaubsvideos teilen. Ihrer Kreativität sind hier keine

Grenzen gesetzt. Allerdings erfordert ein solcher Vlog ein bisschen technisches Know-How - Videos schneiden, hochladen und in ansprechender Art und Weise darstellen. Aber selbst wenn Sie das noch nicht vollkommen beherrschen - jetzt haben Sie ja genügend Zeit, sich in die Sache reinzufuchsen. Der Vlog bietet übrigens genau wie der Blog die Möglichkeit, Kommentare zu hinterlassen.

4-3-5
TICKST DU NOCH RICHTIG?

Schon einmal von Tiktok gehört? Diese neue Videoplattform ist nicht nur was für junge Leute. Auch Sie als Ruheständler können über diese Plattform kleine (lustige) Videos aufnehmen und mit der Welt teilen.

Die Plattform Tiktok erfreut sich seit einiger Zeit großer Beliebtheit und ist auf dem Social Media Markt kaum mehr wegzudenken. Egal, ob es um Challenges, Tanzvideos, Lippensynchronisation oder einfach nur die Darstellung des Haustiers geht - die Inhalte kennen keine Grenzen. Jeder Nutzer kann über diese Plattform kleine Videos mit seinem Smartphone aufnehmen und diese dann mit der Welt teilen.

Aber keine Angst, Sie müssen ja nicht sofort mit dem Drehen anfangen. Zuerst können Sie sich auch einfach einmal auf der Plattform umschauen und sich orientieren. Aber Vorsicht: Wenn Sie erst einmal in der Videoschleife drin sind, können schnell mal einige Stunden vergehen, ohne dass Sie es merken. Man scrollt von einem Video zum anderen und vergisst dabei schnell mal die Zeit. Aber genau diese Zeit haben Sie ja jetzt – lassen Sie sich also einfach erst einmal treiben und genießen Sie die bunte TikTok Welt.

Wenn Sie sich erst einmal mit TikTok vertraut gemacht haben, können Sie anfangen, Ihre eigenen Clips zu drehen. Sie werden sehen, dass es großen Spaß machen kann und ein toller Zeitvertreib ist. Nicht umsonst ist diese App bei den Kids so beliebt – vielleicht drehen Sie ja auch einfach mal ein Video gemeinsam mit Ihren Enkeln?

4-3-6
AUF BRIDGET JONES' SPUREN

Kennen Sie den Film „Schokolade zum Frühstück" mit Bridget Jones? In dieser romantischen Liebeskomödie versucht die 30-Jährige Single-Frau ihr Leben auf den Kopf zu stellen und beginnt damit, Tagebuch zu schreiben. Sie will darin ihren Weg dokumentieren: Aufhören zu Rauchen, ein paar Kilo abnehmen und natürlich den richtigen Mann finden. Auf ihrem Weg passieren jedoch vielerlei aufregende Dinge, die es sich ebenfalls festzuhalten lohnt. Falls Sie den Film noch nicht kennen, schauen Sie ihn sich an – er ist definitiv einige Lacher und Schmunzler wert.
Genau wie bereits in Kapitel 4-3-4 für das digitale Tagebuch angedeutet, hat auch das gute alte handschriftliche Tagebuch

etwas für sich. Wenn Sie Ihre Erlebnisse aufschreiben, haben Sie nicht nur eine Aufgabe, sondern auch eine schöne Erinnerung an Ihr Leben geschaffen. Auch für Ihre Nachkommen ist es ganz bestimmt spannend zu erfahren, was Sie in den Jahren Ihres Ruhestandes so getrieben haben - denn Sie hatten ja Zeit, all das zu verwirklichen, wovon Sie früher nur geträumt haben.

Das Schreiben eines Tagebuchs hat außerdem noch viele weitere Vorteile. Zum einen ist es ein Zwiegespräch, welches Sie mit sich selbst führen. Es hilft also dabei, den Tag zu reflektieren, sich noch einmal Gedanken über das Geschehene zu machen, die guten Momente des Tages festzuhalten und sich die negativen Gedanken von der Seele zu schreiben. Je intensiver Sie sich mit Ihrem Tagebuch beschäftigen, desto mehr reduzieren Sie auch schlechte Laune - schließlich haben Sie alle negativen Gedanken bereits in Ihrem Tagebuch niedergeschrieben und können Sie aus Ihrem Kopf verbannen. Ein Tagebuch bietet außerdem Platz, um verschiedene Ideen und Gedanken zu sammeln - denn an diesem Ort können Sie ganz ohne schlechtes Gewissen Luftschlösser bauen. Träumen Sie doch einfach mal ganz groß und schauen Sie, ob Sie Ihr Ziel vielleicht tatsächlich erreichen können. Ein Tagebuch ist außerdem ein geheimes Buch, auf welches nur Sie Zugriff haben. Es wird Sie also niemand für Ihre Gedanken und Worte verurteilen können. Ist das nicht wunderbar? Ein Ort ohne Kritik von außen, sodass Sie ganz Sie selbst sein können.

Ein weiterer positiver Aspekt des Tagebuchs ist, dass es keine Regeln gibt. Sie bestimmen ganz alleine, was der Inhalt sein soll. Vielleicht schaffen Sie sich ein ganz hübsches, edles Buch an? Vielleicht sagt Ihnen aber auch ein Kalender zu oder doch die lose Blättersammlung? Sie können Ihr Tagebuch so gestalten, wie es Ihnen am besten gefällt. Auch inhaltlich können Sie selbst bestimmen, ob Sie jeden Tag Ihre Erlebnisse festhalten oder vielleicht nur einzelne Gedanken aufschreiben mögen. Ganz egal, ob Sie jeden Tag in Ihr Buch schreiben oder nur zu besonderen Anlässen und ob Sie dabei Ihre positiven Eindrücke beschreiben oder zum Beispiel kleine Gedichte aufschreiben, die Ihnen in den Kopf kommen – die Regeln für Ihr Tagebuch machen Sie!

4-3-7 IN ALLEN 4 ECKEN SOLL LIEBE DRIN STECKEN

Was war das doch für eine schöne Erinnerung, wenn jemand einen witzigen, kreativen oder bedeutungsvollen Spruch in das eigene Poesiealbum geschrieben hat, oder? In den 60er und 70er Jahren waren Poesiealben absolut im Trend – fast jedes Schulkind hatte ein solches Album, welches unter Freunden und manchmal sogar Lehrern herumgereicht wurde. Wenn man erst einmal ein solches Album zu Hause hatte, um es mit netten Worten zu füllen, konnte man aus einer Vielzahl an Sprüchen und Wünschen wählen.

Für die weniger Kreativen gab es natürlich auch einige Klassiker, die in fast jedem Album zu finden waren:

- In allen 4 Ecken soll Liebe drin stecken.
- Es gibt nichts Gutes, außer man tut es.
- Vor etwa zehn Jahren kam ein Baby angefahren - ohne Strümpf' und ohne Schuh - liebe/r XY das warst du!
- Rosen, Tulpen, Nelken, alle Blumen welken, nur die eine nicht, und die heißt Vergissmeinnicht.
- Rosen sind rot, Veilchen sind blau. Ich hab dich gern, das weiß ich genau.

Na, haben Sie einen dieser Sprüche selbst schon einmal in ein Poesiealbum geschrieben? Oder steht vielleicht sogar einer in Ihrem eigene? Fall Sie Ihres aufbewahrt haben, ist nun der richtige Moment, um es rauszukramen und noch einmal hineinzuschauen. Ein Poesiealbum ist eine schöne und wertvolle Erinnerung an die ehemaligen Klassenkameraden und außerdem ein tolles Zeugnis der alten Zeit.

Wieso also nicht den vergangenen Trend aufgreifen? Heutzutage gibt es so gut wie keine Poesiealben mehr - das meiste spielt sich online ab. Dabei hat so eine schöne handgeschriebene Seite doch etwas ganz Besonderes. Sie werden überrascht sein, wie Ihre Mitmenschen reagieren, wenn Sie Ihnen ein Poesiealbum überreichen mit der Bitte, es zu füllen. Bei vielen wird es schöne Erinnerungen wecken und ihnen ein Lächeln ins Gesicht zaubern. Und auch Sie selbst können in diesem Poesiealbum dann schöne Gedanken, Sprüche oder Zitate aufbewahren, die Sie im Laufe Ihres Lebens aufgeschnappt haben und die es sich zu verewigen lohnt.

5 MONEY, MONEY, MONEY, ALWAYS FUNNY

Geld allein macht zwar nicht glücklich, aber es macht doch vieles einfacher. Ganz egal ob das ein teures Hobby ist, ein langersehnter Urlaub oder die Renovierung der Wohnung - alles kostet Geld. Viele von uns haben im Ruhestand nur leider kein Geld im Überfluss und so mancher muss doch bedacht mit seiner Rente umgehen. Kein Grund zum traurig sein - schließlich kann man sich auch im Ruhestand noch immer was dazu verdienen. Im folgenden Kapitel finden Sie daher einige Tipps, um den Geldbeutel ein bisschen aufzubessern.

5-1
ARBEIT ONLINE FINDEN

Sicher haben Sie schon von den vielen Jobbörsen im Internet gehört – schließlich ist auch die Fernsehwerbung voll davon. Einige Portale haben sich dabei sogar auf Ruheständler spezialisiert und bieten passgenaue Jobs für die Rente an. Natürlich können Sie auf allen Jobbörsen fündig werden, indem Sie einfach nach entsprechenden geringfügigen Tätigkeiten, sogenannten Minijobs, Ausschau halten. Im Anhang dieses Buchen finden Sie eine kleine Liste mit Links zu Jobportalen, mit deren Hilfe Sie sich auf die Suche nach dem passenden Zuverdienst während Ihres Ruhestandes machen können.

Sagen Sie nicht „Aber was kann ich schon machen?", denn es gibt eine Vielzahl an Möglichkeiten, wie wir uns etwas dazuverdienen können.

Wenn Sie auf den genannten Portalen nicht fündig werden, haben wir im folgenden Kapitel noch eine Menge weiterer Ideen, wie Sie sich einige Scheinchen extra verdienen können.

5-2
SCHAFFENSKRAFT!

Es gibt viel zu tun, packen wir es an! Vielleicht können Sie bei einer Tätigkeit noch Ihre Kenntnisse aus den vergangenen Berufsjahren nutzen oder Sie machen Ihr Hobby zum Beruf. Vielleicht haben Sie aber auch bisher ungenutzte Stärken, beispielsweise handwerkliches Geschick, welches in Ihrem bisherigen Bürojob nie gefragt war und welches Ihnen nun nützlich sein kann.

Im folgenden Kapitel haben wir eine Menge Möglichkeiten für Sie zusammengestellt.

5-2-1
HOUSE MUSIC

BRIEFKASTENLEERUNG

Bieten Sie doch einen Briefkastenleerungs-Service an, damit Hausbesitzer beruhigt in den Urlaub fahren können.

HAUS HÜTEN

Oder hüten Sie gleich das ganze Haus. Die Fensterläden immer mal öffnen und schließen, Blumen gießen und Licht und der Fernseher in unregelmäßigen Abständen an- und ausschalten, usw. Machen Sie doch einfach mal einen Aushang am schwarzen Brett Ihres Supermarktes oder halten Sie die Ohren in der Nachbarschaft offen.

HAUSTIERVERSORGUNG

Für Haustierhalter gibt es nichts Wichtigeres im Urlaub, als geliebten Tiere gut versorgt zu wissen, wenn diese nicht mitfahren können. Füttern, Gassi gehen, das Tier in den Garten lassen und einfach mal kuscheln sind wichtige und schöne Aufgaben. Wenn Sie also tierlieb sind, freuen Sie sich schon mal aufs Tiersitten!

GARTENPFLEGE

Ein Garten will gepflegt werden, auch in der Urlaubszeit. Wenn Sie einen grünen Daumen haben und gerne in der Natur sind, dann ist diese Art der Urlaubsvertretung eine schöne Aufgabe.

RASENMÄHEN UND -PFLEGE

Viele Gartenbesitzer haben hierfür nicht die Zeit oder Ruhe für die Pflege eines satten, grünen Rasens und freuen sich, wenn ein tüchtiger Rentner diese Aufgabe für sie übernimmt. Wenn Sie in der Nachbarschaft einen Rasen entdecken, dem vielleicht ein bisschen Pflege fehlt, bieten Sie doch einfach mal Ihre Hilfe an - aber vorsichtig, nicht, dass sich die Rasenbesitzer auf den Schlips getreten fühlen....

GARTENTEICHPFLEGE

Neben dem Rasen gehört für viele Gartenbesitzer auch ein Teich zum Glück dazu. Auch dieser erfordert natürlich viel Aufmerksamkeit - schließlich muss das Wasser regelmäßig überprüft werden und gegebenenfalls müssen Algen beseitigt werden. Mit Ihrer Zeit und eventueller Erfahrung können Sie daher anderen Teichbesitzern unter die Arme greifen und sie bei der Verwirklichung ihrer grünen Oase unterstützen.

HAUSHALTSHILFE

Sie kümmern sich lieber um den Haushalt als um den Garten? Dann macht es Ihnen vielleicht Spass, anderen beim Einkaufen von frischen Lebensmitteln, Kochen, oder der Wäsche zu helfen.

BÜGELN

Viele Leute erledigen ihren Haushalt vielleicht noch ganz gut alleine, aber kommen mit dem Bügeln einfach nicht mehr hinterher. Bevor die Wäsche dann zu einer Reinigung mit Bügelservice gebracht wird, können Sie auch diesen Job übernehmen. Schließlich haben Sie im Ruhestand genügend Zeit und vielleicht auch schon die ein oder andere Erfahrung mit dem Bügeleisen gesammelt. Wenn Sie Ihr Bügeleisen zu Hause im Wohnzimmer aufstellen, können Sie dabei sogar Ihre Lieblingsserie im Fernsehen schauen oder einfach Musik hören.

ENTSORGUNG

Wenn Sie nicht allzu viel Zeit für Ihren Nebenverdienst aufwenden möchten, tun es vielleicht auch schon die kleineren Aufgaben wie beispielsweise die Entsorgung von Papier und Glas. Schließlich ist das Einwerfen in den meisten Containern gegen späten Abend verboten, um die Anwohner nicht zu stören, für Arbeitnehmer oft schwer zu schaffen. Als Rentner können Sie diese Aufgabe auch gut am Vormittag oder frühen Nachmittag erledigen und schaffen so den Bewohnern ein wenig Erleichterung.

MAHLZEITENSERVICE

Sie sind ein echtes Genie der Kulinarik und kochen gerne für andere Menschen? Dann könnten Sie sich damit ein wenig Geld zu Ihrer Rente dazuverdienen. Bieten Sie doch einfach einen Mahlzeiten Service an, um andere in den Genuss Ihrer Kochkünste kommen zu lassen.

HANDARBEITEN

Die wenigsten jüngeren Menschen wissen noch, wie man beispielsweise einen Socken stopft oder einen Flicken auf eine Jeans näht. Damit die Kleidung also nicht direkt in der Mülltonne landet, ist es super, wenn es jemanden gibt, der mit einer geschickten Hand die entsprechende Stelle wieder reparieren kann. So geht Nachhaltigkeit!

5-2-2 BE OUR GUEST

AUSHILFE IM SERVICE

Kellnern ist nicht nur ein klassischer Studentenjob. Auch wir Rentner können diese Aufgabe übernehmen und die Gäste mit Speisen und Getränken verwöhnen. Für diesen Job benötigen Sie neben einer ruhigen Hand auch ein gepflegtes Äußeres und eine sympathische Ausstrahlung, und man muss gern mit Menschen umgehen.

GESCHIRRSPÜLER

Klar, vielen macht kochen und essen mehr Spaß als danach das Geschirr zu spülen. Nichtsdestotrotz ist dies eine Aufgabe, die eben erledigt werden muss. Insbesondere in einem Restaurant, aber auch bei einer privaten Veranstaltung mit vielen Menschen fallen Unmengen an Tellern und Besteck an, die darauf warten, wieder sauber gemacht zu werden. Übernehmen Sie doch diese Aufgabe! Wenn wir dadurch Plastikmüll vermeiden helfen, werden wir gleich doppelt belohnt – finanziell und mit einem guten Gefühl!

TISCHDEKORATION

Sie haben ein Auge für die schönen Dinge im Leben und legen alles daran, dass die Gäste einen schönen Aufenthalt haben? Dazu trägt natürlich auch die Tischdekoration bei. Allerdings fehlt einigen Menschen das gewisse Geschick, um den Tisch im richtigen Licht erstrahlen zu lassen. Wenn Ihnen dies liegt und Sie ein Gespür für die richtige Dekoration haben, können Sie in diesem Bereich Ihr Können unter Beweis stellen. Eine solche Aufgabe findet sich sowohl in Eventlocations als auch bei Privatpersonen.

KOCH- ODER BACKKURSE GEBEN

Sie kochen oder backen gerne und möchten Ihr Wissen weitergeben? Dann bieten Sie doch entsprechende Kurse an. Dabei können Sie Ihrer Leidenschaft nachgehen und lernen zusätzlich noch Gleichgesinnte kennen.

5-2-3
KINDERKRAM

BABYSITTER

Als Ruheständler verbringen viele von uns schon viel Zeit mit eigenen Enkelkindern. Aber nicht jeder hat welche, oder nicht in der Nähe, aber vielleicht trotzdem Lust, ab und zu Kontakt zu den kleinsten Erdenbürgen zu haben? Als Babysitter können Sie mit diesem Wunsch sogar noch zusätzlich etwas Geld verdienen und den Eltern ein paar Stunden Freizeit schenken. Sie können sowohl stunden- als auch tageweise auf das Kind aufpassen und so für ein wenig Entlastung im elterlichen Alltag sorgen.

KOCHKURSE FÜR KINDER

Sie wollen nicht nur mit Kindern spielen, sondern ihnen auch etwas beibringen? Als echte Koryphäe am Herd, zeigen Sie den Kleinen, wie man richtiges und vor allem leckeres Essen zubereitet. Eltern und Kinder werden es lieben!

ABHOL- / BRINGDIENST

Heutzutage müssen viele Kinder oft von A nach B zu gebracht werden, und egal, ob dies mit dem Auto oder zu Fuß geschieht, die Kids freuen sich bestimmt über eine nette Begleitung, und den Eltern wird es eine Entlastung sein. Egal ob morgens zum Kindergarten oder Termine am Nachmittag, für uns Rentner kein Problem, wir können unseren Tag so gestalten, wie es uns gefällt.

NACHHILFE

Sie sind Spezialist in Mathematik, Deutsch, Englisch oder anderen Schulfächern? Dann können Sie mit diesem Wissen die Schülerinnen und Schüler dieser Welt sicherlich gut unterstützen. in Absprache mit den Eltern und gegebenenfalls sogar den Lehrkräften, können Sie bestimmen, welche Lernziele erreicht werden sollen und ganz ohne Zeitdruck den Kindern die fehlenden Kenntnisse vermitteln. Ein tolles Gefühl, oder?

MUSIKUNTERRICHT

Sie spielen ein Instrument und würden dieses Wissen gerne weitergeben? Dann geben Sie Kindern Musikunterricht! Melden Sie sich einfach bei einer Musikschule oder geben eine Annonce auf.

5-2-4
SPORTLICHES

BADEMEISTER

Sie sind fit im Wasser und up-to-date in Erster Hilfe? Dann können Sie vielleicht Ihr örtliches Schwimmbad als Bademeister unterstützen. Natürlich gehört zu dem Beruf des Bademeisters noch viel mehr als das Retten von Schiffsbrüchigen – Messen der Wasserqualität beispielweise, was sich aber schnell erlernen lässt.

SPORTPARTNER (TENNIS, SQUASH, JOGGING, USW.)

Wenn Sie selbst sportbegeistert sind und bisher alleine vor sich hin trainiert haben, können Sie nun damit aufhören – denn vielen Menschen geht es wie Ihnen. Als Ruheständler sind Sie zeitlich nicht gebunden und können daher für verschiedene Tageszeiten als Trainingspartner fungieren.

FERIENBEGLEITUNG

Insbesondere in den längeren Sommerferien werden oft Ausflüge für Kinder angeboten, damit die Ferien nicht langweilig werden, aber leider mangelt es oft an Erziehungspersonal. Wenn Sie als Ruheständler Spaß am Umgang mit Kindern haben und selbst unternehmungslustig sind, können Sie diese Aufgabe übernehmen. In vielen Städten gibt es Jugend- und Freizeiteinrichtungen, die solche Ferienaktionen anbieten und sicherlich froh über Ihre Hilfe sind.

SCHACHPARTNER

Immer nur Schach spielen gegen den Computer wird auf Dauer ziemlich langweilig. Wenn Sie die Augen in den Zeitungen oder auch im Internet bei den Kleinanzeigen offenhalten, stoßen Sie garantiert früher oder später auf die Anzeige von anderen Schachbegeisterten, auf der Suche nach einem Gegenspieler.

TANZPARTNER

Paartanz funktioniert, wie der Name schon sagt, nur als Paar. Viele Tanzbegeisterte stehen mit ihrer Leidenschaft jedoch alleine dar und würden sich freuen, wenn Sie jemanden zum Tanzen hätten. Wenn Sie also selbst gerne das Tanzbein schwingen und Cha Cha oder Discofox keine Fremdwörter für Sie sind, dann können Sie sich auf dem Parkett austoben.

5-2-5 TIERISCHES

HUNDETRAINING

Sie lieben Hunde und kennen sich super mit den kleinen Fellnasen aus? Dann ist vielleicht die Tätigkeit als Hundetrainer etwas für Sie. Als Hundetrainer begleiten Sie Menschen, die bisher noch keine Erfahrung mit den Vierbeinern haben, dabei, ihren Hund richtig zu erziehen und geben bestimmte Tipps und Tricks mit an die Hand, die den Alltag als Hundebesitzer erleichtern. Sie können Ihr Wissen im Vorfeld mit einem Kurs festigen und erweitern.

DOGSITTING (AUSFÜHREN, SPIELEN, FÜTTERN)

Sie sind zwar ein echter Hundefreund, aber für professionelles Hundetraining fehlt Ihnen die notwendige Expertise? Das macht gar nichts, denn Sie können auch einfach im Bereich Dog Sitting tätig werden und den Alltag mit den Hunden gemeinsam meistern. Einige Dog Sitter sind vor allem zum Gassi gehen angestellt, andere wiederum kümmern sich um die Versorgung des Hundes oder spielen bloß mit ihm.

AQUARIUMPFLEGE

Aquarienbesitzer lieben die beruhigende Wirkung des Aquariums – sie könnten stundenlang dabei zusehen, wie die Fische umherschwimmen und wie die Pflanzen sich mit dem Wasser bewegen. Ein Aquarium benötigt allerdings auch viel Pflege, und damit Zeit, die viele Menschen nicht übrig haben. Wenn Sie selbst ein Herz für Fische haben und von Aquarien fasziniert sind, macht es Ihnen vielleicht auch Spaß, die bunte Unterwasserwelt instand zu halten.

TIERPFLEGE

Nicht nur Hunde brauchen Aufmerksamkeit und Pflege, auch Katzen, Vögel, Hamster und viele andere müssen ver-

und umsorgt werden, wenn die Besitzer mal keine Zeit für ihre Lieblinge haben. Um diese Aufgabe zu übernehmen, sollten Sie sich vorher gut über die verschiedenen Tiere informieren und wissen, was es zu beachten gilt. Schließlich muss eine Katze beispielsweise anders versorgt werden als ein Wellensittich – logisch. Als echter Tierfreund ist dies für Sie natürlich eine Leichtigkeit und eher ein Hobby als wirkliche Arbeit. Und genau so soll es im Ruhestand doch sein.

5-2-6 LIEBESBRIEFE UND ANDERES – BÜROARBEITEN, VERWALTUNG, SCHREIBEN UND MEHR

BÜROARBEITEN ALS AUSHILFE IN FIRMEN, ARZTPRAXEN, KINDERGÄRTEN ODER AUCH FÜR PRIVATLEUTE

Stellen dieser Art finden Sie sowohl auf den oben genannten Jobbörsen als auch einfach durch ein persönliches Gespräch. Fragen Sie doch einfach mal bei einer Ihnen bekannten Firma nach, ob Sie dort etwas unterstützen können. Vielleicht bietet ja sogar Ihr ehemaliges Unternehmen eine solche Tätigkeit an – schließlich wissen die Mitarbeiter dort schon, was Sie auf dem Kasten haben.

ARCHIV FÜHREN

Auch hier gibt es einige Angebote in Jobbörsen (siehe Anhang) oder fragen Sie einfach beim Unternehmen Ihres Vertrauens an.

BRIEFE VERFASSEN

Sie können sich geschickt und fehlerfrei schriftlich ausdrücken? Auch für das Schreiben von Briefen können Sie sich bei einer Firma bewerben. Es gibt auch Tätigkeiten, bei denen Sie selbst ein wenig kreativ werden können – wie zum Beispiel bei der alljährlichen Weihnachtspost.

BUCHHALTUNG

Sie können gut mit Zahlen, Daten und Fakten umgehen und haben ein gutes mathematisches Verständnis? Dann ist vielleicht auch die Buchhaltung eine interessante Möglichkeit für Sie. Mit nur wenigen Stunden im Monat können Sie ein kleines Geschäft maßgeblich unterstützen und sich selbst etwas dazuverdienen.

INVENTURARBEITEN

Alle Einzelhändler und viele Firmen führen jährlich eine Inventur durch, um einen Überblick über den aktuellen Warenbestand sowie die korrekten Verkaufszahlen zu erhalten. Neben Studenten und Schülern werden in diesem Bereich auch gerne Ruheständler eingesetzt, die bei der Inventur tatkräftig unterstützen können. Meistens finden Sie gegen Jahresende in jedem größeren Geschäft einen solchen Mitarbeiteraufruf.

TELEFONDIENST

Auch in der Telefonzentrale werden Hilfskräfte gesucht. Sie haben eine nette Telefonstimme und sind gesprächig? Dann ist der Telefondienst vielleicht eine interessante Aufgabe für Sie. Viele große Unternehmen haben einen solchen Telefondienst sowie einen persönlichen Empfangsbereich, wo die Kundschaft und generell externe Gäste begrüßt werden.

TEXTE EDITIEREN, KORRIGIEREN UND REDIGIEREN

Sie beherrschen die deutsche Rechtschreibung und sind geschickt darin, sich schriftlich auszudrücken? Dann ist vielleicht die Arbeit in einem Verlag oder Lektorat etwas für Sie. Im Internet gibt es verschiedene Plattformen, auf denen nach Personal zum Korrekturlesen gesucht wird.

STEUERERKLÄRUNG AUSFÜLLEN

Sie haben in Ihrem bisherigen Berufsleben bestimmt schon unzählige Male Ihre eigene Steuererklärung ausgefüllt und es ging von Jahr zu Jahr einfacher von der Hand. Als alter Hase in diesem Bereich könnten Sie also echte Hilfestellung für Ihre Mitmenschen leisten und sich dabei noch etwas dazuverdienen.

5-2-7
ELEKTRISCH GELADEN

Ihnen liegen die digitalen Dinge mehr als schwere körperliche Arbeit? Dann haben wir im folgenden Kapitel einige Anregungen für Sie aufgelistet, wie Sie ebenfalls Ihre Rente aufbessern können.

DRUCKERINSTALLATION

Wer kennt ihn nicht, den natürlichen Feind des Menschen, den Drucker? Wenn Sie sich mit einem solchen Gerät auskennen, können Sie der Retter in der Not sein.

VIDEOS EDITIEREN / DIGITALISIEREN

Sie haben neben technischem Knowhow auch eine kreative Ader? Dann ist vielleicht das Schneiden und Bearbeiten von Videos ein geeigneter Zeitvertreib für Sie, und Sie könnten Menschen, die ihre alten Filme für die Zukunft erhalten wollen, kreativ zur Seite stehen.

VHS FILME DIGITALISIEREN

Es gib einige Methoden, wie man die alten VHS Filme digitalisieren und so in die Neuzeit retten kann. Wenn Sie diese kennen und darauf Lust haben, können Sie viele Menschen unterstützen, ihre Erinnerungen zu bewahren und sie für die Ewigkeit festzuhalten.

MUSIKANLAGEN ANSCHLIESSEN

Musikanlagen sind mittlerweile hochtechnisch und verfügen über viele verschiedene Funktionen. Wenn Sie sich auf diesem Gebiet gut auskennen, können Sie diese Aufgabe für verschiedene Privatpersonen übernehmen und sich so etwas dazuverdienen.

WLAN INSTALLATION

Die Installation von WLAN, Routern etc. ist gar nicht so einfach. Oftmals muss der Techniker kommen, um diese Aufgabe zu übernehmen und man steht vielleicht sogar einige Tage ohne Internet da. Für viele zur heutigen Zeit undenkbar. Mit Ihrem pfiffigen Köpfchen sind Sie sicherlich dieser Aufgabe gewachsen.

COMPUTER INSTALLATION

Sie haben ein generelles Grundverständnis von Computern und können vielleicht sogar programmieren? Dann sind Sie sicherlich eine gern gesehene Unterstützung bei der Installation von Computern, oder Sie können Ihre Expertise beim Kauf anbieten. Sie können beispielsweise eine Anzeige in Ihrer örtlichen Zeitung schalten oder auch einen Zettel ans schwarze Brett in Ihrem Supermarkt anbringen – so finden Sie sicherlich dankbare Mitmenschen, die Ihre Hilfe gerne in Anspruch nehmen.

5-2-8
NERDIGES

DATENABLAGE EINRICHTEN

Wenn der Computer Ihre Welt ist, sind Sie sicherlich auch ein Fan einer guten Datenablage. Viele Menschen sind mit der Ordnung auf dem Computer allerdings überfordert und wissen gar nicht, wie sie eine vernünftige und durchdachte Ordnerstruktur erstellen können. Wenn Sie sich in dem Gebiet gut auskennen, bietet sich auch dies als Nebenverdienst an.

DATENSICHERUNG

Neben einer ordentlichen Ordnerstruktur spielt auch die Datensicherung eine große Rolle bei der digitalen Ablage von Dokumenten, Fotos und vielem mehr, aber viele kenne sich damit nicht aus. Sie können helfen? Dann geben Sie Ihr Wissen weiter und retten Sie wertvolle Daten.

BILDBEARBEITUNG

Sie haben ein Auge für Ästhetik? Sie wissen genau, wie man ein Foto bearbeitet, damit es umso besser aussieht? Dann ist vielleicht die Bildbearbeitung ein interessanter Nebenverdienst für Sie.

SCHULUNGEN (WINDOWS, MS OFFICE, MAC OS, UVM.)

Sie sind ein echter Experte auf Ihrem Gebiet? Dann schulen Sie doch andere Menschen und teilen Sie Ihr Wissen.

INTERNETUMGANG LEHREN

Wenn Sie sich im Internet gut auskennen, ist auch dieses Wissen in der heutigen Arbeitswelt gefragt. Es gibt auch heute noch viele Altersgenossen, die sich nicht gut darin auskennen und gerne Hilfe bei der Nutzung hätten und dankbar sind über jemanden, der ihre Ängste und Probleme versteht und ihnen mit Rat und Tat zur Seite steht.

5-2-9
VOR UND HINTER DEN KULISSEN

Sie sind für die Bühne geboren? Ganz egal, ob wirklich drauf oder eher dahinter – die Veranstaltungsbranche bietet eine Vielzahl an Beschäftigungsmöglichkeiten, die sich auch für Ruheständler super eignen. Gerade hinter der Bühne gibt es unglaublich viele Hilfsaufgaben, die auch von ungelernten Kräften übernommen werden. Einfach bei der nächsten Veranstaltung, die Sie besuchen, mal nach den Verantwortlichen fragen und so erste Kontakte knüpfen.

AUF- UND ABBAU FÜR FESTIVALS, THEATER UND MESSEN

Veranstaltungen wie Festivals, Theater und Messen erfordern ein hohes Maß an Vorbereitung und Organisation. Damit dies reibungslos gelingt, sind oftmals viele Hände beteiligt. Wenn Sie körperlich fit sind und sich den Auf- und Abbau von Bühnen, Schaubildern, Messeständen etc. zutrauen, könnte dies ein netter Nebenverdienst für Ihre Rentenkasse sein.

CLOWN FÜR KINDERGEBURTSTAGE

Sie sind von Haus aus ein lustiger Typ, der gerne Späße macht und haben ein Herz für Kinder? Dann verbinden Sie diese beiden Eigenschaften doch und treten als Clown bei Kindergeburtstagen auf. Vielleicht versuchen Sie es erst einmal bei einer privaten Familienfeier. Wenn Ihr Auftritt dort gut ankommt und Sie einige Lacher ernten, können Sie durch einen Aushang am schwarzen Brett vielleicht noch mehr Familien mit kleinen Kindern erreichen.

ORGANISATION VON FESTEN & FEIERN

Anlässe zum Feiern gibt es viele – von Geburtstag, Taufe, Konfirmation über Hochzeiten bis hin zu Beerdigungen gibt es viele Anlässe, die gebührend gefeiert werden wollen. Hinter einer solchen Feier steckt auch immer eine Menge

an Organisationsarbeit, welche für viele Menschen unglaublich stressig und nervenaufreibend ist. Wenn Sie Ihre To-Do-Listen im Griff haben und Ihnen die Organisation eines solchen Festes Freude bereitet, melden Sie sich als Organisator.

DISCJOCKEY

Ihr Herz schlägt für Musik und schwungvolle Beats? Dann versuchen Sie sich doch mal als DJ für verschiedenste Anlässe. Wenn Sie sich mit den neusten Hits auskennen, aber auch die ganzen alten Klassiker auf Lager haben, bringen Sie das Publikum bestimmt zum Tanzen. Wichtig ist neben dem Gespür für den richtigen Song natürlich auch das technische Equipment. Machen Sie sich also am besten vorher einmal schlau, welche Geräte Sie unbedingt brauchen und überlegen Sie, ob es für den Anfang vielleicht sinnvoller ist, diese auszuleihen.

KULISSENHILFEN

Neben den technischen Aufgaben gibt es noch weitere Bereiche, die während einer Veranstaltung von fleißigen Helferlein erledigt werden können. Bevor es auf die große Bühne geht, müssen die Darsteller schließlich noch in das richtige Outfit schlüpfen oder auch verköstigt werden. Wenn Sie also gerne mit anderen Menschen zusammenarbeiten und diesen gerne helfend zur Hand gehen, sind Sie in diesem Bereich gut aufgehoben.

GRAFIKARBEITEN

Es gibt noch weitere Aufgaben, die eher im Verborgenen stattfinden. Wenn Sie nicht gerne im Scheinwerferlicht stehen, aber trotzdem eine künstlerische Ader haben, können Sie vielleicht im Bereich der Grafik unterstützend tätig werden. Von den Einladungskarten über Tickets bis hin zu Zeitungsanzeigen und sämtlichen anderen Druckmaterialien muss alles rund um ein Event schön gestaltet sein.

FOTOBÜCHER ERSTELLEN

Fotobücher sind perfekt, um Fotos ordentlich und in einem schönen Gewand aufzubewahren. Das Problem ist bloß, dass die Erstellung eines solchen Fotobuches viel Zeit und Energie in Anspruch nimmt. Nehmen Sie doch Ihren Liebsten diese schöne Aufgabe ab! Natürlich werden Sie dadurch nicht das große Geld dazuverdienen - aber Sie machen lieben Menschen eine Freude und bekommen sicherlich herzlichen Dank ausgesprochen. Und das ist doch manchmal viel mehr wert.

5-2-10
BUTLER GESUCHT

BRING- UND ABHOLDIENST FÜR BÜCHER

Leider sind einige ältere Menschen unter uns nicht mehr so mobil und das Rentenbudget gibt es auch nicht her, dass man sich regelmäßig neue Bücher kauft. Dafür gibt es mittlerweile bei vielen örtlichen Bibliotheken die Möglichkeit, sich Bücher ganz bequem nach Hause liefern zu lassen und nach einer gewissen Dauer wieder zurückzugeben. Damit dieses System funktioniert, werden natürlich einige Fahrer benötigt, welche die gewünschten Bücher transportieren. Eine tolle Aufgabe für Rentner, die eine gute Tat erbringen wollen und gleichzeitig ihren Geldbeutel aufbessern möchten.

BEGLEITUNG FÜR ARZT- UND AMTSBESUCHE

Für viele Menschen gestaltet sich der Alltag als große Herausforderung, aus vielerlei Gründen, und die Sprache, die in offiziellen Einrichtungen genutzt wird, ist häufig recht kompliziert. Als Ruheständler können Sie Menschen eine Hilfe sein und Sie zu den entsprechenden Terminen begleiten. Wenn Sie sich dann auch noch auskennen und genau wissen, welche Formulare und Dokumente ausgefüllt oder mitgebracht werden müssen, sind Sie eine umso größere Hilfe. Ehrenamtlich, oder gegen einen kleinen Obolus, um Ihre Rente aufzubessern.

KRANKENHAUS-„ENGEL“

Gerade in Phasen der Krankheit wünscht man sich jemanden, der für einen da ist. Oftmals sind die Angehörigen beruflich so stark eingespannt, dass sie nur selten Zeit für Besuche haben. Im Ruhestand haben wir jedoch zum Beispiel auch vormittags Zeit und können den Patienten auch dann Gesellschaft leisten und ihnen Ihre ganze Aufmerksamkeit schenken. Auch dies kann ehrenamtlich geschehen oder gegen einen kleinen Obolus.

AFTER-PARTY REINIGUNGSSERVICE

Sie wissen sicherlich noch allzu gut, wie es nach manchen Partys am nächsten Tag aussehen kann. Morgens ist jedoch die Motivation zum Aufräumen nicht mehr allzu hoch – schließlich ist man müde und geschafft von der Partynacht. Als Ruheständler können wir Partygastgebern genau diese Aufgabe übernehmen, morgens und in alter Frische. Als After-Party Reinigungsservice beseitigen Sie die Spuren des letzten Abends, noch bevor der Gastgeber überhaupt wieder die müden Augen aufmachen kann.

STADTFÜHRER

Sie kennen Ihre Stadt wie Ihre Westentasche? Dann teilen Sie doch Ihr Wissen mit anderen Interessierten im Rahmen einer Stadtführung. Viele Touristeninformationen sind immer wieder auf der Suche nach erfahrenen Guides, die Touren durch die Stadt für Gruppen anbieten. Wenn Sie also ein fundiertes Wissen über Ihren Heimatort haben, melden Sie sich einfach mal bei einer solchen Stelle. Das Schöne an dieser Aufgabe ist, dass Sie in den meisten Fällen noch eine zusätzliche Schulung über Ihre Stadt bekommen werden, um Ihr Wissen zu vervollständigen.

SHOPPINGBEGLEITUNG & STILBERATUNG

Haben Sie immer die neusten Trends im Blick und wissen einfach, wie man sich gut kleidet? Dann gibt es sicherlich die ein oder andere Person, die Sie beim nächsten Shopping Trip begleiten können. Wenn Sie eine echte Stilikone sind und Ihnen im Bereich Styling keiner so schnell etwas vormacht, arbeiten Sie doch in der Stilberatung.

AUSGEHPARTNER (TANZVERANSTALTUNGEN, KONZERTE, CAFÉS, USW.)

Die Zahl der Alleinstehenden ist im Laufe der Jahre immer weiter gestiegen. Dabei machen viele Dinge zu zweit einfach mehr Spaß – und genau deswegen gibt es die schöne Aufgabe als Ausgehpartner. Ganz egal, ob es sich dabei um ein bestimmtes Konzert handelt oder einfach ein netter Gesprächspartner für den nächsten Besuch im Café gesucht wird – als Ruheständler haben wir die Zeit. Wenn Sie also kommunikativ sind und gerne neue Leute kennen lernen, können Sie mit dieser Beschäftigung gleich zwei Fliegen mit einer Klappe schlagen.

VORLESER

Sie lesen gerne Bücher? Lesen Sie denn auch gerne laut etwas vor? Gerade in Kindergärten oder anderen Einrichtungen, werden immer mal wieder Menschen gesucht, die den kleinen Mäusen mit viel Begeisterung etwas vorlesen. Aber auch in Ihrer Familie findet sich sicher das ein oder andere Kind, welches sich über eine schön vorgetragene Geschichte freut.

WOHNUNGSREINIGUNG BEI UMZÜGEN

Umzüge sind immer mit viel Organisation und Stress verbunden. Und wenn man dann erst einmal alles aus der alten Wohnung herausgeschafft hat, möchte man diese am liebsten gar nicht mehr betreten, sondern direkt in der neuen Umgebung ein schönes Zuhause schaffen. Dabei muss auch in der alten Wohnung noch einiges getan werden – die Reinigung zum Beispiel. Hätten Sie nicht Lust, diesen Job zu übernehmen? Sicherlich sind die Umziehenden sehr glücklich darüber, wenn sie sich nicht mehr mit der alten Wohnung befassen müssen, sondern sich voll und ganz auf die neue konzentrieren können.

BUTLERSERVICE

Sie wollen ganz allgemein anderen Menschen Ihre Dienste anbieten? Insbesondere wohlhabende Personen freuen sich darüber, wenn sie in Ihnen einen freundlichen und zuverlässigen Butler finden. Als Butler stehen Sie mit Ihren Servierkünsten bei allen Festlichkeiten zur Verfügung. Für diese Aufgabe sollten Sie natürlich die Kunst des guten Benehmens beherrschen und wissen, welche Dinge im Service unbedingt zu beachten sind.

5-2-11
FAHRBAR

FAHRRADKURIER

Wenn Sie gerne mit dem Fahrrad unterwegs sind und sich an der frischen Luft bewegen möchten, verbinden Sie dies doch mit einer kleinen Auslieferungstätigkeit. Als Fahrradkurier können Sie mit Ihren Radtouren gleich noch ein bisschen Geld dazuverdienen und haben direkt eine bestimmte Route und ein Ziel vor Augen.

FAHRRADREPARATUREN

Auch das beste Fahrrad hat mal eine kleine Reparatur nötig. Wenn der Besitzer jedoch nicht über das notwendige handwerkliche Geschick verfügt, können Sie als Ruheständler, der sich mit Fahrrädern auskennt, schnell einspringen. Vielleicht fragen Sie einfach beim Fahrradhändler in Ihrer Nähe an, ob dort noch Hilfskräfte gesucht werden.

AUTOREINIGUNG

Wenn Sie eine Schwäche für Autos haben und selbst sehr viel Wert auf Sauberkeit und eine ordentliche Politur legen, übernehmen Sie diesen Job doch am besten gleich entgeltlich für andere.

5-2-12 FELD, WALD & WIESE

ERNTEHELFER

Auch auf dem Land an der frischen Luft gibt es einige Arbeiten, die wie gemacht für Rentner sind, die sich gerne noch ein bisschen körperlich betätigen möchten. Sie können zum einen als Erntehelfer anheuern und die örtlichen Betriebe hierbei tatkräftig unterstützen.

STALLARBEITEN / FÜTTERHELFER

Sie sind tierlieb? Dann gibt es auf dem Land noch eine weitere Beschäftigungsmöglichkeit für Sie, die Ihnen sicherlich gefallen wird. Auf vielen landwirtschaftlichen Betrieben werden Tiere gehalten, die natürlich versorgt werden müssen. Wenn Sie gerne mit Tieren arbeiten und eine gewisse Geruchsresistenz mitbringen, könnte dies ein schöner Zeitvertreib mit nettem Zuverdienst für Sie werden.

HILFE BEI DER TIERVERSORGUNG

Für diese Aufgabe ist schon ein bisschen mehr Know How und Erfahrung gefordert. Denn auch oder gerade wenn es den Tieren mal nicht so gut geht, muss man sie versorgen und sich um sie kümmern. Neben den üblichen Aufgaben wie Füttern und Stallsäuberung fallen hier noch ganz andere Dinge an: Wundversorgung, Überwachung der Medika-

mentengabe, welche durch den Tierarzt verordnet wurde und vieles mehr. Wenn Sie also aus diesem Bereich kommen und in Ihrem Berufsleben vielleicht bereits Erfahrungen gesammelt haben, können Sie auch in diesem sensiblen Bereich unterstützen.

5-2-13
ES STEHT IN DEN STERNEN

HOROSKOPE ERSTELLEN

Sie haben eine esoterische Ader und glauben an die Astrologie? Durch das Lesen von Sternenbildern und weiteren Indizien, sind Sie in der Lage, passende Horoskope je nach Sternzeichen zu erstellen und diese an interessierte Personen auszuhändigen. Sie können natürlich auch einfach so aufgrund Ihrer ausgeprägten Intuition verschiedene Horoskope erstellen. In diesem Fall sollten Sie jedoch darauf achten, dass Sie dieses auch klar so kommunizieren.

TAROTKARTEN LEGEN

Möchten Sie wissen, was in der Zukunft noch auf Sie zukommt? Viele Menschen sind fasziniert von dem Unbekannten und würden gerne etwas mehr darüber erfahren, welche Erlebnisse in der Zukunft auf Sie warten. Als erfahrener Tarotkartenleser haben Sie die Möglichkeit, die Zukunft vorauszusagen oder zumindest verschiedene Teilbereiche ein bisschen näher zu beleuchten. Falls Sie bisher noch keine Kenntnisse in diesem Bereich haben, aber interessiert daran sind, können Sie sich diese Fähigkeit jetzt aneignen. Sobald Sie sich einen Grundstock an Wissen aufgebaut haben, können Sie dieses ja erst einmal an Verwandten und Bekannten ausprobieren, bevor Sie Ihre Dienste einem größeren Publikum anbieten.

HANDLESEN

Ähnlich wie beim Tarotkarten lesen verhält es sich auch mit dem Handlesen. In unseren Händen befinden sich unzählige kleine Linien und Furchen, die alle eine bestimmte Bedeutung innehaben sollen. Auch hier können Sie sich über bestimmte Kurse informieren und sich einen breiten Wissensschatz aneignen. Die Lebenslinie verrät beispielsweise etwas über den Verlauf und die Dauer des Lebens. Das Spektrum ist sehr vielseitig, sodass Sie hier viele Erkenntnisse über sich selbst, aber auch die Zukunft anderer erlangen können.

COACHING

Im Ruhestand angekommen, haben Sie schon viel Lebenserfahrung gesammelt und wissen ganz genau, welches Verhalten in bestimmten Situationen ratsam ist und welche Dinge man lieber bleiben lassen sollte. Als Coach können Sie dieses Wissen an andere Menschen weitergeben und diesen beim Bestreiten ihres Lebensweges helfen. Dieser Arbeitsbereich ist nahezu grenzenlos – Sie können sowohl ganz allgemeine Coachings geben, sich aber auch auf bestimmte Bereiche wie Partnerschaft, Beruf, Konfliktlösung oder ähnliches spezialisieren. Hören Sie einmal tief in sich hinein und überlegen Sie, in welchen Bereichen Sie die meiste Erfahrung besitzen und wo Sie sich zutrauen, auch mit anderen gegebenenfalls fremden Menschen in Kontakt zu treten und Ratschläge zu erteilen. Wenn Sie allgemein gerne mit Menschen arbeiten, kann diese Aufgabe sehr erfüllend sein.

5-2-14
HAND ANLEGEN – HANDWERKLICHES FÜR MENSCHEN MIT WISSEN UND TATENDRANG

Wenn Sie nicht der Typ für Büroarbeit sind, sondern lieber etwas mit Ihren Händen schaffen, ist das Handwerk ein guter Bereich, um sich etwas Geld dazuzuverdienen. Wenn Sie einem Bereich wirklich das entsprechende handwerkliche Verständnis und die Expertise mitbringen ist Ihr Wissen bestimmt noch gefragt. Zum Beispiel in diesen Bereichen:

BERATUNG BEI INNENAUSBAU ETC.

Wenn Sie in Ihrem bisherigen Berufsleben viele Erfahrungen im handwerklichen Bereich gesammelt haben und ein echter Experte auf Ihrem Gebiet sind, können Sie dieses Wissen natürlich auch in Form einer Beratungstätigkeit weitergeben. Viele Hauskäufer suchen beispielsweise nach einem Sachverständigen, welcher unverbindlich Auskunft über den Zustand der Immobilie geben, beziehungsweise eine Beratung zu möglichen Ausbauten durchführen kann. Eine solche Tätigkeit lässt sich am besten durch Mund-zu-Mund-Propaganda und ein funktionierendes Netzwerk gestalten – wenn man jemanden kennt, der jemanden kennt, dessen Neffe gerade ein Haus kaufen möchte, etc.

HAUSMEISTERARBEITEN

Mit einem umfassenden technischen Verständnis und handwerklichem Geschick sind Sie prädestiniert für leichte Hausmeistertätigkeiten. In vielen Mehrfamilienhäusern werden Hausmeister gesucht, die immer dann zur Stelle sind, wenn es ein kleineres Problem zu lösen gibt. Das Schöne an dieser Tätigkeit ist, dass Sie trotz der eher technischen Tätigkeit mit vielen Menschen in Kontakt kommen und diesen helfen können.

MALERARBEITEN

Sie haben künstlerisches Geschick und wissen, wie man mit Pinsel und Farbe umgeht? Dann können Sie sowohl Betriebe als auch Privatpersonen mit der Übernahme von anfallenden Malerarbeiten unterstützen.

SCHNEESCHAUFELN

Sie sind wie gemacht für die kalte Jahreszeit und wollen sich an der frischen Luft bewegen? Dann freut sich Ihre Nachbarschaft bestimmt über tatkräftige Unterstützung beim Schneeschieben im Winter. Natürlich dürfen Sie dabei nicht vergessen, dass es sich hier um körperlich schwere Arbeit handelt, die bei der falschen Haltung auch schnell mal auf den Rücken gehen kann, sie ist also nicht für jeden von uns geeignet! Wenn Sie körperlich jedoch noch vollkommen fit sind und sich vor allem auch fit halten wollen, ist das Schneeschaufeln eine tolle Tätigkeit, die durchaus eine Sporteinheit ersetzen kann.

TAPETEN KLEBEN

Wenn Sie das Handwerk des Tapezierens beherrschen, können Sie auf diese Weise etwas Farbe in die eigenen Wände bringen oder zum Beispiel den neuen Nachbarn dabei helfen. Gerade wenn es um größere Räume oder auch verwinkelte Ecken geht, hört bei vielen die Lust auf und sie sind froh, wenn sie bei dieser Aufgabe helfen. Da kommen Sie wie gerufen.

UNTERSTÜTZUNG BEI RENOVIERUNG

Neben Tapezierarbeiten gibt es bei einer Renovierung auch noch viele weitere Aufgaben, bei denen Hilfe gerne gesehen ist. Als handwerkliches Genie können Sie mit Ihrer Expertise nicht nur beratend tätig werden, sondern auch Hand anlegen und so die Renovierung erfolgreich. Hören Sie sich doch einfach mal im Freundes- und Bekanntenkreis um und schaffen Sie sich ein kleines Netzwerk. Wenn Sie erst einmal den ersten Auftrag erfolgreich abgeschlossen haben, werden Sie sicherlich auch einige Folgeaufträge an Land ziehen können.

UNTERSTÜTZUNG BEI UMZÜGEN

Beim Umzug geht es nicht immer nur um das Schleppen von Kisten. Das sollten wir im Alter so gut wie mögliche vermeiden, schließlich ist unser Rücken fragil und äußerst wertvoll_ Aber es noch viele weitere Aufgaben, die bei einem Umzug erledigt werden müsse, z.B. Kisten ein- und nachher wieder auspacken, oder auch, die Organisation des ganzen zu übernehmen und den jungen, kräftigen Anpackern zum richtigen Zeitpunkt die richtigen Aufgaben zuweisen. Sowas ist praktisch unbezahlbar, bei einem größeren Umzug.

6 DREAMS ARE FOREVER

„Lachen ist zeitlos, Fantasie hat kein Alter, Träume sind ewig." — Walt Disney

Tja, das ist er also - der Ruhestand. Für viele eine Phase, die sie lange herbeigesehnt und mit Freude erwartet haben. Für andere wiederum ein Abschnitt, der mit einem eher traurigen Gefühl einhergeht, da es im Ruhestand nicht mehr vieles gibt, auf das man sich noch freut. Aber muss das so sein?

Ganz im Gegenteil! Wie Sie in diesem Ratgeber feststellen konnten, hat der Ruhestand unglaublich viele gute Seiten und bringt Unmengen an neuen Erfahrungen und Erlebnissen mit sich. Sie müssen sich nur damit auseinandersetzen und auch für diesen selbstbestimmten Abschnitt Ziele setzen. Spätestens dann werden Sie bemerken, wie wertvoll die gewonnene Zeit ist und dass Sie nun endlich dazu kommen, die Dinge anzupacken, die bisher auf der Strecke geblieben sind.

Vielleicht entdecken Sie in Ihrem Ruhestand ja auch noch ganz neue Seiten an sich, von denen Sie nie gedacht hätten, dass sie existieren. Ein neues Hobby zum Beispiel oder Sie werden vom Wellness-Urlauber zum richtigen Action-Typ. Setzen Sie sich keine Grenzen und genießen Sie das Leben. **Es liegt noch so viel vor uns!**

WEITERFÜHRENDE LITERATUR UND MEDIEN

Dieses Buch ist sehr sorgfältig recherchiert, es ist jedoch nicht allumfassend. Es handelt sich hierbei um einen Ratgeber, der als erste Orientierungshilfe für den Ruhestand dient. Wir empfehlen Ihnen, sich darüber hinaus zusätzliche Informationen zu beschaffen.

In der folgenden Liste finden Sie einige empfehlenswerte Bücher und Online-Artikel, die meiner Inspiration dienten und mein persönliches Wissen zum Ruhestand erweiterten. Viele Werke behandeln tiefergehende Themen. Sie helfen jedoch bei der Planung für den Ruhestand. Die Liste ist nach Themenkomplexen gegliedert und alphabetisch geordnet.

BÜCHER

ARD Ratgeber Recht (Herausgeber), Verbraucherzentrale Nordrhein-Westfalen e.V. (Herausgeber), Joachim Fox (Autor), Thomas Hammer (Autor), Gudrun Reichert (Autor): Was ich als Rentner wissen muss: Rente, Steuern, Finanzen, Verbraucher-Zentrale NRW; 1. Juli 2014.

Bär, Dr. Marion: Demenz - was nun? - Ein einfacher Ratgeber für Betroffene und Angehörige, der Mut macht, Singliesel Verlag, 1. Mai 2017.

Bergmann, Andreas: Endlich im Ruhestand - Und jetzt?: Über 100 inspirierende Ideen für ein erfülltes Leben nach der Arbeit, Viatis Verlag, 13. Oktober 2019.

Brater, Jürgen: Pfeif drauf – morgen hast du's eh vergessen!: Vom Vergnügen, entspannt alt zu werden, Riva Verlag, 12. März 2018.

Butschkow, Peter: Überleben im Ruhestand, Lappan Verlag, 14. Januar 2015.

Engfer, Uwe: Das Ende der Zeitnot: Veränderung der Zeitverwendung und der Zeitwünsche beim Übergang in den Ruhestand, SWS-Rundschau, 48(1), 5-3, 2008.

Fröse, Sonja; Krüger, Margit: Zu Hause statt Pflegeheim. Für ein langes Leben in den eigenen vier Wänden.: Möglichkeiten, Maßnahmen, Fördermittel: Möglichkeiten, Maßnahmen, ... ein langes Leben in den eigenen vier Wänden. Singliesel Verlag, 25. Mai 2020.

Geßendt, Achim: Ruhestand für Einsteiger: Wie Sie glücklich und zufrieden in die Rente und Pension starten (Renteneintritt, Band 1), Selbstverlag, 1. März 2020.

Hasler, Ludwig: Für ein Alter, das noch was vorhat; rüffer & rub Verlag, 12. August 2019.

Holst, Birgit ; Lutz, Wolfgang: Bed & Bike im Ruhestand, Bäßler, H Verlag, 10. März 2013.

Hermann, Thorsten: Der Ruhestand für echte Männer: Der Renteneintritt, so gelingt er. Das perfekte Geschenk zum Ruhestand auch für Rentner, Opas und Kollegen. Ruhestand für Anfänger, BrainBook Verlag, 23. Mai 2020.

Isau, Rene: Einfach nicht arm sterben: Wie du ohne Banken und Berater mit ETFs und Aktien deine Vermögensbildung voranbringst. Selbstverlag, 16. April 2020.

Lange, Elisabeth: Älterwerden ist nichts für Feiglinge, Jung, schön und gesund bleiben - alles, was man wissen muss, Piper Verlag, 2005.

Marburger, Horst: Als Rentner alle Ansprüche voll ausschöpfen: Das leisten Kranken-, Pflege-, Unfall- und Rentenversicherung; Walhalla Rechtshilfen Taschenbuch, 9. Juli 2019.

MBA Ted D. Snow, CFP®: Retirement Planning QuickStart Guide: The Simplified Beginner's Guide to Building Wealth, Creating Long-Term Financial Security, and Preparing for Life after Work; ClydeBank Media LLC, 12. März 2021.

Müntefering, Franz: Unterwegs – Älterwerden in dieser Zeit; Verlag J.H.W. Dietz, 11. März 2019.

Riedl, Lea: Der Ruhestand als Krise: Ursachen des seelischen Ungleichgewichts und Möglichkeiten der psychosozialen Versorgung, Masterarbeit, 2012.

riva Verlag (Autor): Je älter man wird, desto merkwürdiger werden die anderen: Der ultimative Ratgeber, riva Verlag, 26 Februar 2018.

Ru, Ilya: Online-Business aufbauen für Anfänger! : Wie du online Geld verdienen und passives Einkommen im Internet generieren kannst. Grundlagen zum Geld verdienen im Internet, Ilya Ru, 2020.

Rüttger, Anna: Der Übergang vom Beruf in die Rente. Einfluss auf den Alltag und Strategien zur Problembewältigung, Auswertung qualitativer Interviews, GRIN Verlag München, 2016.

Steindl, Clemens; Steindl, Gertraude: Ruhestand für Anfänger: Unser Weg in eine neue Lebensphase; Tyrolia Verlag, 12. Dezember 2012.

Stier, Isabelle; Zilch, Sebastian; Podolski, Peter: UnRuhestand – 16 Porträts, Co-Con Verlag, 15.09.2012.

Stumpf, Herb: Wenn das Wochenende 7 Tage hat: Berufsende - Rente - Älterwerden ... und alles, was Sie dazu wissen sollten, BoD - Books on Demand Verlag, 15. August 2019.

Tenzer, Eva: Älter werden wir jetzt, Happy Aging statt Forever Young, Krüger Verlag, 2005.

Wallner, Theodor; Wallner, Sophia: 111 Vorhaben im Ruhestand: Das ideale Renteneintrittsgeschenk oder für sie als Rentner selbst, holen sie sich 111 inspirierende Ideen, die sie im Ruhestand machen können, Independently published, 21. Mai 2020.

Wallner, Theodor; Wallner, Sophia: Dynamisch in den Ruhestand - Für Frauen: Wie Sie sich für Ihren Alltag, finanziell, körperlich und geistig auf die Rente vorbereiten, um die beste Zeit Ihres Lebens in Ruhe genießen zu können. Selbstverlag, 14. April 2020.

Zerdinger, Britta: Mein neues Leben: Glücklich und Aktiv in den Ruhestand, Bookmundo Direct; 17. Februar 2021 (2. Edition).

INTERNETAUFTRITTE & LESENSWERTE ARTIKEL

Besser Leben - Die 100 besten Nebenjobs für Rentner
https://www.besser-leben-service.de/portfolio-item/55-die-besten-nebenjobs-fuer-rentner/

Gesund im Alter - Ernährung & Bewegung im Alter
https://www.gesundheit.gv.at/leben/altern/ernaehrung-im-alter/inhalt

mal-alt-werden.de - Beschäftigung für Senioren. 100 Ideen: Von klassisch bis innovativ!
https://mal-alt-werden.de/beschaeftigung-fuer-senioren-100-ideen-von-klassisch-bis-innovativ/

Seniorenmagazin Hamburg
https://senioren-magazin-hamburg.de/

Wer hat Angst vor ... dem Ruhestand?
https://preppo.de/wohlbefinden/wer-hat-angst-vor-dem-ruhestand-freiheit-oder-tiefes-loch/4210/

Wohnen im Alter - Besser älter werden
https://www.wohnen-im-alter.de

RP Online - Die geburtenreichen Jahrgänge der 50 und 60er Jahre: Die Babyboomer gehen bald in Rente
https://rp-online.de/leben/die-babyboomer-gehen-bald-in-rente_aid-53186859

RP Online - Vielen Frauen droht Altersarmut
https://rp-online.de/leben/beruf/vielen-frauen-droht-altersarmut_aid-13791067

Zentrum Alter und Mobilität - Ernährung im Alter
http://www.alterundmobilitaet.usz.ch/fachwissen/seiten/ernaehrung-im-alter.aspx

JOBPORTALE

https://www.alleskralle.com/jobs/de/nebenjob?q_emp=2
Generelle Jobbörse, nicht nur speziell für Rentner.

https://www.alteprofis.de/
Von einer Rentnerin mit Hilfe eines IT Fachmanns gegründet, damit Senioren ihr Wissen weiter anwenden und weitergeben können, wenn z.B. pensionierte Handwerker nochmal mit anpacken wollen.

https://www.aushilfsjobs.info/minijobs/rentner.html
Stellenmarkt auch für qualifizierte Nebenjobs, sowohl für spezialisierte Aufgaben (z.B. Beratungsarbeit für pensionier-

te Ingenieure) aber auch Ungelernte (z.B. Leichte Montage- oder Verbpackungstätigkeiten, oder Mithilfe auf Bauernhof).

https://www.backinjob.de/
Hat nichts mit dem Backhandwerk zu tun, sondern ist für Menschen die Bank in a Job wollen, also zurück in die Arbeit. Jobangebote sind vorsortiert nach Orten sowohl für Teilzeitarbeit wie auch für Minijobs. Bietet auch Information, z.B. zur Aufstockung der Rentenversicherungsbeiträge.

https://de.indeed.com/Rentner-Jobs
Generelle Jobbörse, nach Anmeldung können die neuesten Angebote auch per Email oder WhatsApp zugesendet werden.

https://www.gelegenheitsjobs.de/stellenangebote/jobs-ab-50-jahren.php
Stellenmarkt für Nebenjobs mit Angeboten nach Region und Alter vorsortiert.

https://www.instaff.jobs/kurzfristige-mini-jobs
Stellenmarkt für Minijobs.

https://www.rentarentner.de/
Nur nutzbar mit vorheriger Anmeldung.

https://www.seniorenportal.de/service/stellenmarkt/jobs-fuer-senioren-und-rentner
Hier kann sehr speziell nach Jobs für Rentner im nahen Umfeld gesucht werden.

WEITERE MEDIEN

AXA Deutschland-Report Ruhestand - AXA Studie untersucht Ruhestandsplanung und –management der Deutschen
https://www.axa.de/presse/mediathek/studien-und-forschung/deutschland-report

Essen und Trinken im Alter
https://www.fitimalter-dge.de/fileadmin/user_upload/medien/Essen_und_Trinken_im_Alter.pdf

Heidi Schneider: „Mit 66 Jahren, da fängt das Leben an"? Eine qualitative Studie über das Leben nach dem Rentenübergang, Bachelorthesis
https://libdoc.fh-zwickau.de/opus4/frontdoor/index/index/year/2017/docId/9485

Prof. Dr. Hans-Werner Wahl; Aktiv in den Ruhestand - Planen, gestalten, geniessen, TK (Techniker Krankenkasse) Brochüre,
https://www.tk.de/techniker/unternehmensseiten/unternehmen/broschueren-und-mehr/broschuere-aktiv-ruhestand-2013460

Sabine Buchebner-Ferstl: Das Paar beim Übergang in den Ruhestand, Eine qualitative Studie auf der Grundlage der Grounded Theory: Österreichisches Institut für Familienforschung, 2005
https://www.oif.ac.at/publikationen/schriftenreihe/archiv-schriftenreihe/schriftenreihe-nr-14/

Trinken im Alter (Flüssigkeitshaushalt)
https://www.fitimalter-dge.de/fileadmin/user_upload/medien/Trinken_im_Alter.pdf

Wurm, Susanne + Engstler, Heribert + Tesch-Römer, Clemens: Ruhestand und Gesundheit: Expertise für die Akademiengruppe „Altern in Deutschland" der Deutschen Akademie der Naturforscher, Berlin: Deutsches Zentrum für Altersfragen.
https://nbn-resolving.org/urn:nbn:de:0168-ssoar-370001

ÜBER DEN AUTOR

Herbert Linzbach ist 1957 in der Nähe von Marburg geboren und studierter Maschinenbauingenieur. In seiner Freizeit ist er leidenschaftlicher Leichtathlet und Koch. Er entdeckt gerne neue kulinarische Feinheiten und reist mit seiner Frau bevorzugt im südamerikanischen Raum durch die Länder.

Zum Zeitpunkt der Erstellung dieses Buches ist Herbert Linzbach bereits seit 2 Jahren im Vorruhestand. Dieser Ratgeber umfasst seine eigenen Erfahrungen, Diskussionen mit seinem Umfeld und Tipps von Freunden und Bekannten. Er will allen zukünftigen oder seit kurzem in den Ruhestand gewechselten Menschen helfen, einen glücklichen und sorglosen Übergang in den neuen Lebensabschnitt zu finden und die Begeisterung für viele neue Dinge zu entdecken.

VIELEN DANK

Ich wäre Ihnen sehr dankbar, wenn Sie mir eine Bewertung auf Amazon oder dem Buchhändler Ihrer Wahl hinterlassen würden - selbst wenn es nur ein Satz ist. So helfen Sie anderen Kunden bei ihrer Kaufentscheidung.

Natürlich freue ich mich auch ebenso über jede persönliche Nachricht! Vielleicht wollen Sie ein Lob aussprechen oder haben Kritik & Verbesserungsvorschläge.

Ich lege auf jede Lesermeinung enormen Wert, um mich mit jedem Buch und jeder Auflage qualitativ zu verbessern.

Schreiben Sie mir jederzeit gerne unter:
h.linzbach@e.mail.de

HAFTUNGSAUSSCHLUSS

Dieses Buch enthält Meinungen und Ideen des Autors und hat die Absicht, Menschen hilfreiches und informatives Wissen zu vermitteln. Die enthaltenen Strategien passen möglicherweise nicht zu jedem Leser, und es gibt keine Garantie dafür, dass sie auch wirklich bei jedem funktionieren. Die Benutzung dieses Buchs und die Umsetzung der darin enthaltenden Informationen erfolgt ausdrücklich auf eigenes Risiko. Haftungsansprüche gegen den Autor für Schäden materieller oder ideeller Art, die durch die Nutzung oder Nichtnutzung der Informationen bzw. durch die Nutzung fehlerhafter und/oder unvollständiger Informationen verursacht wurden, sind ausdrücklich ausgeschlossen. Das Werk, inklusive aller Inhalte, gewährt keine Garantie oder Gewähr für Aktualität, Korrektheit, Vollständigkeit und Qualität der bereitgestellten Informationen. Druckfehler und Fehlinformationen können nicht vollständig ausgeschlossen werden.

MEDIZINISCHER HAFTUNGSAUSSCHLUSS

Die hier dargestellten Inhalte dienen ausschließlich der neutralen Information, Weiterbildung und Unterhaltung. Sie stellen keine Empfehlung oder Bewerbung der beschriebenen oder erwähnten diagnostischen Methoden oder Behandlungen dar. Der Text ersetzt keinesfalls eine medizinische Beratung durch einen Arzt oder Apotheker und er darf nicht als Basis zur eigenständigen Diagnose und Beginn, Änderung oder Beendigung einer Behandlung von Krankheiten verwendet werden. Bei gesundheitlichen Fragen, Beschwerden oder Problemen konsultieren Sie immer Ihren Arzt!

REGISTER

A

B

C

D

E

F

G

H

I

J

K

S

T

U

V

W

X

-

Y

-

Z

IMPRESSUM

Ungekürzte Ausgabe 2022 - 1. Auflage: Juni 2022

Autor wird vertreten durch: Lucas Schreiber
Pfisterstraße 2, 96050 Bamberg, Deutschland

Cover-/Umschlaggestaltung:
Buchgewand Coverdesign | www.buch-gewand.de
unter Verwendung von Motiven von
stock.adobe.com: © CharlieNati, © desertsands
depositphotos.com: © zatvor, © Kolobock

Illustrationen: Tanya Maneki
Satzarbeit: Denise Gahn, denisegahn.com
Druck: Amazon Deutschland oder Partner

Bibliografische Informationen der Deutschen Nationalbibliothek: Die Deutsche Nationalbibliothek verzeichnet diese Publikation in der Deutschen Nationalbibliografie; detaillierte bibliografische Daten sind im Internet über http://dnb.d-nb.de abrufbar.

Printed in Poland
by Amazon Fulfillment
Poland Sp. z o.o., Wrocław

15200499R00115